博物馆发展与文物保护工作研究

高豫宛 于 杰 杨 婷◎著

中国书籍出版社
China Book Press

图书在版编目（CIP）数据

博物馆发展与文物保护工作研究／高豫宛，于杰，
杨婷著．-- 北京：中国书籍出版社，2023.8
ISBN 978-7-5068-9496-8

Ⅰ.①博… Ⅱ.①高… ②于… ③杨… Ⅲ.①博物馆
事业-研究-中国②文物保护-文物工作-研究-中国
Ⅳ.①G269.2②K87

中国国家版本馆 CIP 数据核字（2023）第 131656 号

博物馆发展与文物保护工作研究

高豫宛　于　杰　杨　婷　著

图书策划	邹　浩
责任编辑	邹　浩
责任印制	孙马飞　马　芝
封面设计	博健文化
出版发行	中国书籍出版社
地　　址	北京市丰台区三路居路 97 号（邮编：100073）
电　　话	（010）52257143（总编室）　（010）52257140（发行部）
电子邮箱	eo@ chinabp. com. cn
经　　销	全国新华书店
印　　厂	北京四海锦诚印刷技术有限公司
开　　本	710 毫米×1000 毫米　1/16
印　　张	10. 25
字　　数	200 千字
版　　次	2024 年 1 月第 1 版
印　　次	2024 年 1 月第 1 次印刷
书　　号	ISBN 978-7-5068-9496-8
定　　价	68. 00 元

前　言

★◇◆◇★◇◆◇★

随着我国文化建设的迅猛发展，博物馆在文物保护方面取得了显著的进步。作为传承文化的重要媒介，博物馆发挥着关键作用，不仅能展现历史文化，还能促进文化交流与传播。因此，博物馆发展与文物保护研究的旨在通过深入研究和实践，推动博物馆的发展，同时加强对文化遗产的保护，以促进社会的教育、文化和经济进步。

博物馆发展与文物保护工作研究的目标是通过研究和实践，推动博物馆的发展和文化遗产的保护，以促进社会的教育、文化和经济发展。本书以"博物馆发展与文物保护工作研究"为题，首先阐述博物馆的概念，内容包括博物馆的特点与价值、博物馆的类型与功能、博物馆的未来趋势；其次分析对文物的认知，内容涉及文物的特点与价值、文物的类型与功能、文物资源普查与治理；再次解读博物馆的现代化发展，内容涵盖博物馆的技术现代化、博物馆的服务信息化、博物馆的资源与交互数字化、博物馆的建筑智慧化；接着论述文物保护的方法与管理，内容包括文物保护理念共识、文物保护的意义与原则、文物保护的基本方法、博物馆文物保护高质量管理；然后研究博物馆文物陈设展览管理，内容涉及博物馆文物陈设展览的特性、博物馆文物陈设展览的空场所布局、博物馆文物陈设展览的实施；最后探索博物馆文物开发与利用——文创发展，内容涵盖博物馆文创产品的特点与价值、博物馆文创产品的开发与营销、博物馆文创产业发展与品牌建设、博物馆文物的文旅融合发展。

本书体系完整，视野开阔，以通俗易懂的语言、系统明了的结构，紧跟时代步伐，满足用户不断更新的需求，充分发掘我国文化底蕴，进一步推动文物的保护、传承与现代化高质量发展。本书可供广大博物馆与文物保护从业人员、高校师生与文博爱好者阅读使用。

本书在写作过程中，得到了许多专家、学者的帮助和指导，在此表示诚挚的谢意。由于笔者水平有限，加之时间仓促，书中涉及内容难免有疏漏之处，希望各位读者多提宝贵的意见，以便笔者进一步修改，使之更加完善。

目 录

第一章 博物馆的概念 ·· 1

第一节 博物馆的特点与价值 ·································· 1

第二节 博物馆的类型与功能 ·································· 3

第三节 博物馆的未来趋势 ···································· 8

第二章 文物的认知 ·· 12

第一节 文物的特点与价值 ···································· 12

第二节 文物的类型与功能 ···································· 16

第三节 文物资源普查与治理 ·································· 24

第三章 博物馆的现代化发展 ······································ 36

第一节 博物馆的技术现代化 ·································· 36

第二节 博物馆的服务信息化 ·································· 46

第三节 博物馆的资源与交互数字化 ···························· 52

第四节 博物馆的建筑智慧化 ·································· 64

第四章 文物保护的方法与管理 ···································· 70

第一节 文物保护理念共识 ···································· 70

第二节 文物保护的意义与原则 ································ 76

第三节 文物保护的基本方法 ·································· 80

第四节 博物馆文物保护高质量管理 ···························· 81

第五章 博物馆文物陈设展览管理 ·································· 88

第一节 博物馆文物陈设展览的特性 ···························· 88

第二节 博物馆文物陈设展览的场所布局 ························ 92

第三节 博物馆文物陈设展览的实施 ···························· 101

第六章　博物馆文物开发与利用——文创发展 ·························· 118

    第一节　博物馆文创产品的特点与价值 ·························· 118

    第二节　博物馆文创产品的开发与营销 ·························· 122

    第三节　博物馆文创产业发展与品牌建设 ························ 137

    第四节　博物馆文物的文旅融合发展 ···························· 146

参考文献 ··· 153

第一章 博物馆的概念

博物馆是收藏、研究、展示文物或标本的机构，它致力于保护、展示和传承文化、历史、艺术和科学的重要遗产。博物馆通过收集、保管和研究具有文化、艺术、历史、科学和其他重要价值的物品和藏品，为公众提供了学习、欣赏和参与的机会。

第一节 博物馆的特点与价值

一、博物馆的特点

博物馆是以文物或标本为基础，组成形象化的科学的陈列体系，对群众进行直观宣传教育的公共文化机构，其特点可表述为以下几方面：

（一）公共性

公共性，即博物馆是一个公共服务机构，为公众而设立，其服务对象是社会公众，公共性是博物馆的本质属性之一。这种公共性植根于其赖以产生的公共文化需求。博物馆的公共性主要包括公正性、公平性、公益性、公开性四个方面：

第一，公正性就是要求博物馆制度的构建必须合理、合法，即遵循博物馆发展的基本规律，符合相关的法律法规，这是博物馆公共性的前提。

第二，博物馆的公平性既包括使用博物馆的机会和接受相同服务质量等方面的公平，还包括在保证当代人满足或实现自己的需要的同时，还要保证后代人也能够有机会满足他们的利益需要，这是博物馆公共性的核心。

第三，博物馆公益性是指国家、社会和个人为博物馆所提供的设施、条件、产品和服务具有公共性的主要特征，受益者是社会公众。公众受益是博物馆公益性的集中体现。公益性是博物馆事业客观存在的一种社会属性，它不以办馆者的主观意志为转移，无论是由政府办馆还是由非政府组织或个人办馆，博物馆都具有公益性，这是博物馆公共性的目标。

第四，公开性一般是指透明度、民主性。公开性要求博物馆制度能够保障博物馆决策、资源分配、资金来源和使用等的开放性和透明度。博物馆所提供的服务必须具备公开性，公开、透明是博物馆履行公共服务职能的本质要求，这是博物馆公共性的保证。

（二）实物性、直观性

博物馆产生于收藏，藏品是博物馆业务活动的重要基础，举办陈列展览是博物馆的主要活动形式，也是博物馆对公众进行教育传播的重要阵地。可以说陈列展览是博物馆工作的中心环节，博物馆以其展品举办的陈列展览带给观众直观效果。博物馆必须具备一定数量的藏品，并且要有基本陈列展览对外开放。即使是刚刚兴起的数字博物馆，它也是建立在实物的基础上，运用虚拟影像将藏品以直观的形象展示给观众。

（三）广博性

随着社会的发展，博物馆呈现多元化的局面，博物馆的收藏内涵不断丰富，涉及文物、艺术、科技、自然等多个方面，从文物到日常用品，从物质文化到非物质文化，从标本到活物等资料都是博物馆收藏和研究的对象，博物馆类型不断增多，专门性博物馆大量涌现，并且出现了许多新形态的博物馆。可见广博性是博物馆区别于其他文化机构的显著特征，而且随着社会的发展，这个特征日益显著。

（四）开放性

博物馆的开放性不仅体现在对公众开放，更体现在对社会的广泛关注以及与观众的交流互动。陈列在设计之前要进行观众调研，明确目标观众群，确立陈列定位；设计过程中，要接受观众代表的优化建议，考虑观众的特点，选择适宜的知识背景和语言表达方式；陈设展览阶段，欢迎观众进入陈列场所，允许观众基于自身的知识解读陈列内容，鼓励观众将参观成果转化为有利于个人发展的资源和动力，并收集整理观众反馈意见，对陈列效果作出科学评价。

二、博物馆的价值

博物馆作为文化和教育的重要载体，具有深远的价值。它们扮演着收藏、保护、研究和展示人类历史、文化和艺术遗产的关键角色。

第一，博物馆为公众提供了难得的机会，使人们能够亲身接触和了解珍贵的文物和艺术品。这不仅有助于加深人们对历史和文化的认识，还能激发他们的好奇心和想象力，促进创造力的发展。

第二，博物馆是知识传承和学习的重要场所。通过展览、讲座和教育活动，博物馆为公众提供了丰富的学习资源。它们不仅向观众传授了专业知识，还培养了人们的思考能力和批判性思维。博物馆的教育项目还促进了文化多样性的认知和尊重，帮助人们建立一个包容和开放的社会。

第三，博物馆在社会和经济方面也具有重要价值。它们吸引着大量的游客，推动了旅游业的发展，为当地经济带来了可观的收入。同时，博物馆还成为城市形象和文化吸引力的象征，增强了城市的国际影响力。此外，博物馆还促进了艺术、考古和历史等领域的研究，为学术界提供了宝贵的资源和平台。

第四，博物馆还起到了文化交流和对话的桥梁作用。通过举办国际交流展览和合作项目，博物馆加强了不同国家和文化之间的相互了解和友谊。它们为不同背景的人们提供了一个共同的平台，促进了文化交流和对话的发展，有助于打破隔阂，增进和谐。

总之，博物馆的价值不仅体现在其作为文化和教育场所的功能，还体现在其对社会、经济和跨文化交流的积极影响。作为珍贵的人类遗产保护者和知识传播者，博物馆在塑造社会价值观、促进文化多样性和推动人类进步方面发挥着不可替代的作用。

第二节　博物馆的类型与功能

一、博物馆的类型

博物馆的类型，是根据博物馆各自的性质、特点的异同而划分出来的具有共同特征的博物馆所形成的类别。科学地划分博物馆的类型，对博物馆事业发展和博物馆具体工作的开展均有着积极的现实意义和深远的历史意义，即有利于深刻认识和掌握博物馆自身的特点和工作规律；有利于明确各类博物馆的专业方向；有利于博物馆事业合理布局和科学发展；有利于对口开展博物馆学术交流活动。

传统的博物馆类型，一般划分为社会历史类、自然科学类和综合类。随着博物馆事业的不断发展，博物馆的类型越来越丰富，传统的类型划分已经不能充分反映博物馆的实际情况，也无法满足博物馆事业发展和高度发达的信息时代的需要，应该重新划分。根据我国博物馆事业发展的实际情况，并结合长期类型划分实践过程中已经形成的习惯和约定俗成的认识，博物馆类型大致可划分为以下几类：

第一，历史类。以收藏、研究历史文物藏品，并以展示和反映古代历史的发展过程、发展规律等为主要内容的博物馆，如陕西历史博物馆、河南博物院等。

第二，革命史类。以收藏、研究近现代历史文物藏品，并以展示和反映近现代历史发展与进程等为主要内容的博物馆，如中国人民革命军事博物馆、井冈山革命博物馆等。

第三，纪念类。以收藏、研究、展示和反映历史事件、历史人物等方面的文物藏品为主要内容的博物馆，包括纪念馆和名人故居，如中国人民抗日战争纪念馆、九一八历史博物馆等。

第四，遗址类。在考古发掘遗址原址上和古建筑旧址上建立的博物馆，前者以收藏、保护、研究和展示该遗址发掘出土的文物和各种遗迹等为主要内容，后者以收藏、保护、研究、展示古建筑旧址及其内部原有物品为主要内容，以原状复原陈列和模拟复原陈列等为主要手段加以展示的博物馆。包括考古遗址博物馆、古建筑旧址博物馆，如西安半坡遗址博物馆、沈阳新乐遗址博物馆、北京恭王府博物馆等。

第五，文化、文体艺术类。以收藏、研究文体艺术类藏品，并以展示和反映文体艺术发展与演变过程和规律等为主要内容的博物馆，如徐悲鸿纪念馆、舞蹈艺术馆、中国体育博物馆、南京奥林匹克体育博物馆等。

第六，民族类。以收藏、研究民族文物藏品，并以展示和反映各少数民族的历史发展过程及其规律等为主要内容的博物馆，如北京民族文化宫博物馆、广西壮族自治区民族博物馆等。

第七，自然类。以收藏、研究自然地质类藏品，并以展示和反映各地区自然史，天文、地质、生物资源，以及人类的发展过程及发展规律等为主要内容的博物馆，如北京自然博物馆、中国地质博物馆等。

第八，科技类。以收藏、研究科学技术类藏品，并以展示和反映科学技术的发展过程和发展规律等为主要内容的博物馆，包括科学技术和科学技术史博物馆，如中国科技馆、北京航空航天大学博物馆、自贡市盐业历史博物馆等。

第九，专门类。以收藏、研究某一专题类藏品，并以展示和反映某一专题类藏品的发展过程和变化规律等为主要内容的博物馆。包括各种专题博物馆（如西安碑林博物馆）、行业博物馆（如长春电影博物馆）、高校博物馆（如四川大学博物馆）、非物质文化遗产博物馆（如各地的酒文化博物馆、昆曲艺术博物馆、吉林图们延边朝鲜族非物质文化遗产博物馆）等。

第十，地志综合类。以收藏、研究地方社会历史和自然类藏品，并以展示和反映地方自然和社会历史文化艺术综合发展与不断进步等为主要内容的博物馆。包括省级地志博物馆和地市级地志博物馆，如黑龙江省博物馆、山东省博物馆、新疆维吾尔自治区博物馆、西藏自治区博物馆等。

总之，随着博物馆事业的不断发展，博物馆的定义也在不断完善之中。博物馆已经成为社会服务机构和公共文化服务机构，把为社会发展服务作为自己的宗旨。博物馆所具有的直观性、公共性、科学性、非营利性等特征，使得博物馆的功能不断加强。博物馆数量的增加，带来了博物馆类型的丰富，划分类型可参考的依据也越来越多，这些都充分表明博物馆是具有生命力的可持续发展的社会机构。

二、博物馆的功能

博物馆的功能，是指博物馆作为一种社会组织和文化机构所发挥的社会作用。

（一）收藏、保管功能

博物馆现象起源于收藏珍品，中国古代收藏书画、彝器、古玉、玺印的现象起源很早，在商周时期即已出现。古希腊、罗马等文明古国贵族对奇珍异宝的收藏是现代博物馆产生的基础。藏品是人类文明的重要见证，是博物馆工作的核心与基础，收藏、保管也是博物馆首要功能与最基本的功能。

随着社会的发展，目前博物馆收藏、保管的对象已不限于珍贵文物与艺术品，而是涉及人类与人类生存环境的各种见证物，既包括物质遗产，又包括非物质文化遗产。只有博物馆能最广泛、最全面地保藏着人类活动和自然发展的真实物证，并把它永久地传给后人，这是博物馆特有的功能。

博物馆获得收藏的途径主要有文物征集、获得馈赠和遗赠、从私人收藏家或拍卖会上购买藏品、田野考古发掘和调查等。

（二）展览与展示功能

博物馆通过展览和展示藏品，向公众展示历史、文化、艺术和科学的发展与成就。展览可以采用多种方式，如展示柜、多媒体展示、虚拟展览等。博物馆的展览与展示功能是其最核心的职责之一，以下是博物馆展览与展示功能的一些重要方面：

第一，传递知识与教育。博物馆展览通过展示物品、信息板、多媒体展示和互动展示等方式，向公众传递知识和教育信息。展览可以呈现历史事件、文化发展、科学原理等内容，帮助观众了解和学习。

第二，启发思考与引发兴趣。博物馆展览不仅仅是信息的传递，还鼓励观众进行思考和探索。通过展示独特的艺术品、创新的科学发现或具有挑战性的历史展示，观众可以激发好奇心，产生思考，并对特定主题或领域产生浓厚的兴趣。

第三，视觉与感官体验。博物馆展览通常注重观众的视觉和感官体验。通过精心设计的展示布局、灯光效果、音效和互动元素，博物馆能够创造出令人愉悦、引人入胜的展览环境，增强观众的参与感和沉浸感。

第四，保护与展示文化遗产。博物馆展览是保护和展示文化遗产的重要途径。博物馆通过展示具有历史、文化、艺术价值的物品和藏品，使其得到保护和保存，同时向公众展示这些珍贵的遗产。

第五，多样化的展览形式。博物馆展览形式多种多样，可以根据不同的主题和目标受众进行创新设计。除了传统的展示柜和展板，现代博物馆还利用多媒体技术、虚拟现实、互动展示等方式，使观众能够以更直观的方式与展览互动。

第六，临时展览和特别展览。博物馆还经常举办临时展览和特别展览，介绍特定主题、特定时期或特定艺术家的作品。这些展览丰富了博物馆的内容，吸引了更多的观众，同时也为观众提供了不同的视角和体验。

博物馆展览与展示功能的目的是通过物品和展览设计，为观众创造一个富有启发性、互动性和愉悦感的学习环境，促进知识传播、文化交流和公众参与。展览的内容和形式的不断创新也使得博物馆能够吸引更多不同背景和兴趣的观众，提供一个丰富多样的文化体验。

（三）应用价值与学术研究功能

博物馆最初的研究主要是对藏品本身的基础研究以及应用性研究，大量藏品只有进行深入的研究，所具有的历史价值、艺术价值与科学价值才能被揭示，明确主题、挑选藏品、设计展览与撰写解说词等过程都需要进行科学研究，可以说研究工作贯穿博物馆工作的全过程。随着时代的前进与社会的发展，博物馆作为全民共享的文化机构，其研究对象已不再局限于藏品本身，而是扩展到博物馆实践以及博物馆公众研究等方面。

博物馆研究是为了社会利用、展览和教育普及服务，只有达到较高的研究水准，才能保证博物馆各项工作的水平与服务的质量，许多著名的博物馆不只藏品丰富，同时也是重要的学术研究基地。

（四）教育与启发功能

教育作为博物馆的基本功能之一，是收藏与研究功能的延伸与扩展。博物馆对外开放后，观众走进博物馆，通过观看展览受到教育与启发。博物馆教育的对象为整个社会的全部成员，从儿童到老人，从一般群众到残疾人，从国内观众到外国旅游者，从个人到团体，博物馆都对他们开放。因此，博物馆不只是学校的第二课堂，也是家庭教育与社会教育的课堂，人们可以有序地出入各个陈列室，通过参观展览、参与博物馆的各项活动，汲取科学文化知识。

博物馆的教育方式生动形象，通过大量运用文物标本、模型等实物资料，作用于观众的感官。这无论从人的生理机制还是认知过程来说，都会使观众感到亲切，易于接受和理解。此外，博物馆还通过讲解服务、公众讲座、出版物以及举办丰富多彩的文化活动等方式来加深观众对博物馆陈列的理解。

博物馆学界对博物馆认知的提升与社会责任的强调。国家文物局近年在对博物馆的评审工作中，也已经将教育以及与其相关的比重提升，博物馆观众研究越来越得到重视，从以藏品为中心到以观众为中心，是博物馆发展的趋势和潮流。

（五）休闲与娱乐功能

无论是对儿童还是成年人，教育与乐趣都是紧密联系在一起的。随着博物馆的发展，国内的博物馆学者也越来越认识到博物馆娱乐功能的重要性。高尚的文化娱乐活动是休息和积蓄精神再生产能力的积极方式。博物馆是提供高尚文化娱乐，培养生活情趣，满足美感要求的场所，博物馆应该强化这方面的职能。

随着博物馆的逐步免费开放，博物馆已成为公众休闲娱乐的必选，博物馆与文化创意、旅游等产业相结合，参观博物馆也已成为旅游的重要日程，许多博物馆成为旅游热点。这是博物馆面临的机遇与挑战，一方面博物馆的陈列设计要融入休闲娱乐的文化元素，使专业知识通俗化，向观众提供趣味性强的展览；另一方面要增加扩大这方面的项目设施，积极开办具有吸引力的各种欣赏娱乐活动。

博物馆教育功能的实现，在很大程度上取决于观众自觉自愿的自发行为（自觉地走进博物馆）。出于娱乐性动机和目的参观博物馆的观众在数量上远远多于以接受教育为动机和目的的观众，因此现代博物馆既要重视教育，也应关注观众的娱乐性需求，吸引观众，使观众在接受教育的同时又能获得愉悦、新奇、惬意等娱乐性的享受。值得注意的是，博物馆娱乐功能的发挥必须以博物馆的藏品为基础，以教育为最终目的，博物馆并不是纯粹的娱乐机构。

（六）社区与社会参与功能

博物馆积极与社区和公众互动，举办社区活动、社会项目，推动文化多样性、社会发展和公众参与。

博物馆作为文化机构，担负着与社区和社会参与的重要责任。除了展览和教育功能，博物馆还具有社区与社会参与的功能。以下是关于博物馆社区与社会参与功能的详细扩展：

第一，社区参与。博物馆积极与所在社区互动，通过与社区居民和组织建立合作关系，开展社区参与活动。这些活动包括社区展览、座谈会、社区讲座和工作坊等，旨在满足社区居民需求，提供教育和娱乐机会，并为社区居民提供文化交流和认同感。

第二，多样性和包容性。博物馆致力于促进多样性和包容性，通过展览和活动的策划，关注不同文化、背景、种族和性别的社会群体。博物馆通过展示多元文化的藏品和故事，打破偏见和歧视，增进社会的理解和共融。

第三，社会项目。博物馆可以发起或参与社会项目，以解决社会问题或推动社会变革。例如，博物馆可以举办关于环保、可持续发展或社会公正的展览和活动，引发公众对于环境和社会问题的关注，激发积极的行动。

第四，学习和参与机会。博物馆提供各种学习和参与机会，使公众能够深入了解博物馆的收藏和主题。这些机会可能包括讲座、导览、工作坊、艺术工作室等，通过互动和参与的方式，让观众更好地理解以及欣赏文化、历史和科学。

第五，社会纪念和庆典。博物馆扮演着纪念历史事件和庆祝重要节日的角色。通过展览、纪念活动和庆典，博物馆提供了一个集体回顾和思考的空间，帮助社会记住重要的历史时刻，并促进对历史的反思和理解。

第六，社会参与的数字化。随着数字化技术的发展，博物馆也越来越注重通过数字平台促进社会参与。博物馆可以通过虚拟展览、在线教育资源、社交媒体等渠道与更广泛的社会大众互动，打破时空限制，为更多人提供文化和知识的接触。

博物馆社区与社会参与功能的目标是促进社区与公众的互动和参与，推动文化意识的提升，促进社会的发展和进步。通过与社区的合作和开放性，博物馆成为社会凝聚力和文化认同的重要场所，不仅传播知识，也鼓励社会的参与和互动。

第三节　博物馆的未来趋势

一、博物馆发展的策略思考

新时代，博物馆更应从大众角度思考谋划工作以及顺应新时代发展趋势，从"活"起来、"火"起来两个大原则入手，着眼于未来，着力打造一个重业务、有特色、有个性的博物馆。

（一）完善内部管理机制与运行机制

个体博物馆应顺应趋势，深入思考博物馆的宗旨和使命，对博物馆的组织机构和体系进行变革，同时认真组织学习国家文物相关标准规范，提升业务能力。格局宽广，时刻关注国际博物馆发展动态及前沿学科发展动态，与各类协会联动，利用中国博物馆协会、地方联盟协会、行业博物馆协会等可能合作的机会，利用国家良好的推动政策，在博物馆联展策展、行业联动等多方面发挥作用，集约发展。

（二）逐步打造有层级的博物馆

第一层级，打造有内涵、科学认真、传承文明的博物馆，这是博物馆的初衷与使命。博物馆的首要使命是为科研服务。藏品要有内涵，要经得起推敲，引得起别人关注，显得出其价值。尤其对专业学者来讲，要能够运用这些藏品来研究还原历史原貌，更好地弘扬传统文化。

第二层级，打造流动的博物馆。沿机场、高速、地铁、普通公路等进入城镇小区、乡村街道各个角落，可以逐步布局学校、公园、广场、超市、各单位，综合实物展、单体实物展、图片展、影像展、研究成果展、文创展都予以考虑。

第三层级，打造实用的博物馆。以"物"为基础，不仅研究本博物馆中的物，也要研究国内国外的物。如能利用平台，搜集国际国内知名藏品数据库，实现互通共享，然后加以研究利用。

第四层级，打造有趣动态的博物馆。博物馆年轻受众为主体、互联网模式称王称道的同时，博物馆早已悄悄地改头换面，以全新的姿态追赶时尚潮流。藏品一定要"动"起来，可以是手机网页浏览的三维体验；可以是博物馆之"物"本身可点击、可旋转；可以是博物馆物资基础上配以卡通或含有故事情节的动态影像；可以是开发具有博物馆底蕴的手机 App 之游戏、购物。

（三）注重博物馆业务质量提升

博物馆要加强特色藏品征集，形成重点突出、特色鲜明、互为补充的收藏体系，实现高品质、特色化、差异化发展；要在制度健全、账目清楚、鉴定确切、编目详明、保管妥善、查用方便的藏品保管工作基础上，深度融合藏品保管与藏品研究工作，丰富藏品故事和内涵。

在博物馆工作中，不仅要注重藏品本身，更要注重鉴定人员、保管编目人员、保护修复人员等一系列人员的养成；要高度重视并充分利用数字博物馆，加强馆馆合作，将地方文物精品重新整合；利用庞大的文物数据资源做到文化资源共享，将民间收藏家、民办博物馆的文物资源重新整合，开拓一条创新而具有活力并可持续发展的文物征集与研究道路。

落实"互联网+中华文明行动"计划，建设智慧型博物馆，充分利用一系列手段，推出一批有价值、影响度高的特色藏品，以特色藏品为基础，开发文化创意产品。要定期开展系列聚焦于优质文物的文化论坛活动，每次研讨一至几件文物，做到讨论充分，宣传到位，体现特色，实现广而告之的目的；要充分发挥博物馆的社会功能，广交朋友，吸引各个门类的高水平的学术研究机构，使其在文物征集、捐献、研究等方面发挥重要作用；要切实加大文物保护力度，建设技术先进的保护修复队伍及功能齐全的实验室保护平台，实现重点藏品保存环境良好，加大文保科技研发及转化能力。

二、博物馆发展的未来趋势

随着科技的不断进步和社会的快速发展，博物馆作为文化传承和教育的重要场所，也面临着许多新的挑战和机遇。以下是博物馆未来发展的几个关键趋势：

第一，数字化技术将在博物馆中发挥越来越重要的作用。虚拟现实①和增强现实②等技术将使观众能够身临其境地体验博物馆展览和文物。通过虚拟展览和在线互动平台，博物馆能够吸引更多的观众，无论他们身处何地。数字化技术还可以帮助博物馆改进展览设计和信息传达，提供更丰富、交互性更强的展览体验。数字化文物的推广将使更多人能够近距离了解和欣赏到原本难以接触的文化遗产。

第二，博物馆将更加注重社会参与和社区融合。未来的博物馆将不仅仅是陈列文物的场所，而是成为社区的中心，为当地居民提供各种文化和教育活动。博物馆将与学校、社区组织和艺术家合作，开展工作坊、讲座和社交活动，促进人们对文化遗产的理解和欣赏。如社会参与和共享，未来的博物馆将更加注重观众的参与和共享体验。除了传统的陈列展览外，博物馆将提供更多互动性和参与性的活动，例如工作坊、亲子教育项目和参观讲解等。观众将有机会参与到文物保护和研究的过程中，增强他们对文物价值的认知和珍惜。

第三，可持续性将成为博物馆发展的重要议题。面对气候变化和环境保护的紧迫性，博物馆将致力于减少能源消耗、优化资源利用和推广可持续的展览设计。例如，博物馆可

---

①虚拟现实（Virtual Reality）也称为虚拟技术、虚拟环境，是20世纪发展起来的一项全新的实用技术，是利用计算机模拟产生一个三维空间的虚拟世界，提供用户关于视觉等感官的模拟，让用户感觉身历其境，可以即时、没有限制地观察三维空间内的事物。随着科技的发展，虚拟现实技术也取得了巨大进步，并逐步成为一个新的科学技术领域。

②增强现实（Augmented Reality，简称AR），是一种将真实世界信息和虚拟世界信息"无缝"集成的新技术，是把原本在现实世界的一定时间空间范围内很难体验到的实体信息（视觉信息，声音，味道，触觉等），通过电脑等科学技术，模拟仿真后再叠加，将虚拟的信息应用到真实世界，被人类感官所感知，从而达到超越现实的感官体验。

以采用可再生能源、引入绿色建筑理念，并鼓励观众参与可持续行动。通过积极践行可持续发展原则，博物馆将成为社会可持续性的倡导者和榜样。

第四，博物馆的国际合作和跨界交流将更加频繁。博物馆在世界范围内共享文物、展览和研究成果的方式将变得更加便捷和紧密。通过数字化平台和合作项目，博物馆可以与其他机构共同策划展览，举办学术研讨会，推动文化交流和知识传播。如跨文化交流，博物馆将成为促进跨文化交流的重要平台。未来，博物馆将加强与其他国家和地区博物馆的合作，通过展览、学术研讨会和文物交流等形式，促进不同文化之间的对话和理解。这种跨文化的交流将有助于拓宽观众的视野，增进世界各地人民对不同文化的尊重和欣赏。

第五，文化创意融合：博物馆将积极推动文化创意产业的融合发展。通过与艺术家、设计师和创意机构的合作，博物馆将开展跨界创作和展览，将传统文物与现代艺术、设计和科技相结合，创造出全新的文化体验和创意产品。这种融合将使文物文化焕发出更多的生命力和创意价值。

总之，博物馆的未来趋势包括数字化技术的广泛应用、社会参与和社区融合的加强、文物与文化可持续发展，以及国际合作和跨界交流的拓展。这些趋势将推动博物馆在文物保护、教育传承和文化创意产业等方面取得新的突破，为观众带来更丰富、多样化的文化体验。

第二章　文物的认知

文物是指人类历史、文化、艺术和科学领域中具有重要价值的物质文化遗产。它们可以是实物，如古代文物、艺术品、考古遗物、手工艺品、建筑物等；也可以是非物质的，如传统技艺、口头传统、音乐、舞蹈、仪式等。文物通过其与特定历史时期、文化背景或创造者的联系，具有独特的历史、文化、艺术或科学价值。文物是人类过去和现在之间的桥梁，承载着人类社会的记忆和智慧。

第一节　文物的特点与价值

一、文物的特点

"文物是千百年前历史的见证者，是历史的亲历者。文物不仅仅是一种物质实体，其存在本身糅合了所处时代的社会、文化气息，是一个时代社会文化实实在在的融合表现。"[1] 随着文物研究越来越深入，人们意识到文物的特点对揭示文物博大精深的内涵，以及文物学科建设和文物保护、收藏等工作的健康发展，都具有十分重要的意义。因此，文物的特点体现在以下方面：

（一）文物的资源性

文物是有形的历史文化载体，是人类历史发展的见证，内容丰富。先人留下的这些宝贵的物质遗产，是古代劳动人民用一定的物质材料，采用一定的技术手段建造或制作而成的，如青铜器、金银器、玉石器、竹木漆器等。文物的物质性又以一定的形态（形制、形式）存在。

文物都是有形的，并且形态是多种多样的。文物的形态，是由人们建造、制作、生产的用途、目的与所用物质材料和科技水平所决定的，其最终形态则是由社会发展，以及政治、经济、文化的发展所决定的。用途、目的在不同的时代和地区不尽相同，随着社会的

---

①殷红梅．新媒体平台上文物传播的文化意义探析［D］．济南：山东师范大学，2022：1.

发展，文化和科学技术又在不断进步，文物的形态或风格也随之不断发展、变化或者消亡，所有这一切，在各类文物中都有所反映。

（二）文物的时代性

文物是特定历史时期的产物，是由它产生的那个时代的一定人群，根据当时的政治、经济、军事、文化等需要，运用当时所能得到的物质材料和掌握的技术创造出来的。每个历史遗迹或遗物无不被打上了时代的烙印，蕴涵着当时的政治、经济、文化、科学技术等诸多方面的内容和信息，因此没有时代（或年代）的遗迹和遗存是不存在的。文物的时代特点是文物时代性和时代内容在历史遗迹和遗物上的体现，我们可以从时代特点中看出，文物在其产生的时代所处的位置，以及它的地位和作用。每个遗迹或遗物从不同的侧面，反映了当时的政治、经济、军事、文化、风情习俗等，这些都是构成文物时代性的主要内容。这种时代特点，亦即历史性，也是文物最重要的特点。

（三）文物的不可性

1. 文物的不可再生性

文物的时代特点决定了文物不能被再生产、制作和建造。在它产生的时代，其地位是客观存在的，不以后人的意志为转移。文物所具备的可永续利用的价值取决于其所凝聚的文化内涵，因而具有不可再生性，哪怕是轻微的改动，都会破坏其文化内涵，进而破坏其永久的价值。历史遗存具有不可再生性，重建、新建的仿古建筑并非历史建筑。我国有关文物保护方面的法律也明确规定，纪念建筑物、古建筑等文物在遭到全部毁坏之后，不得重新修建。

2. 文物的不可替代性

文物的不可替代性是文物时代性和不可再生性逻辑发展的结果。文物是历史文化遗产，是一定时代的产物。每一件文物或每一处文物，都有它在历史上的地位和作用，都包涵自己所处时代的文化内涵和历史信息，不可被其他物品所替代。

不同历史时期制作或建造的各种类型的文物，其历史内涵和信息是它产生的那个时代（或年代）的历史的各个方面的实物见证。毁坏一件或一处，就永远失去了一件或一处历史见证物和象征物，也就减少了一个独特的历史符号。

（四）文物的差异性

文物所采用的技术方案，存在差异性。即便是同一地点出土的同类、同质文物，在保存现状、损坏程度方面也会有所区别，这便是文物的个体差异性，是由古代工艺技术水平、非标准化生产方式，以及文物经历的环境差异造成的。因此，不可能只采用单一的保护技术就可以解决所有的问题。

（五）文物价值的客观性

文物是历史文化遗产，具有历史、艺术和科学价值，包含着政治、经济、军事、艺术等丰富的内涵，博大精深。它的价值是凝结在历史文化遗迹和遗物（包括精神的和物质的遗物）中的一般人类劳动，是人类智慧的结晶，是历史发展、进步的标志。它具有双重特性，即有形价值和无形价值。文物既是有形的物质形体，又是隐形的，即无形的文化或文明内涵的载体，具有历史、艺术和科学价值。

文物的价值是客观存在的，但表达方式是主观的，如数据、图片、语言表述等。人们的文物价值的认识则是不断深化的，人们对文物博大精深内涵的认识和获取它内涵的各种手段，既要靠知识的积累和深入研究，又要靠知识的更新和科技的进步。在认识和评价文物价值的具体过程中，人们会受到科学文化知识、研究水平和科学技术发展水平的限制或制约，因此对文物文化内涵和信息的揭示与对其价值的认识，不是一次（或一时）可以完成的。随着研究的深入，科学技术迅速发展所提供的技术手段愈多，人们对文物价值深层次的认识也就会愈深入，获得的历史信息也就愈多，这就需要一代又一代人的不断努力和坚持。

（六）文物作用的永续性

文物是不同历史时期产生的物质文化遗存，是研究不同历史时期政治、经济、军事、科学技术、文化艺术等的实物史料。它是历史的见证，可以证实文献记载的历史；可以校正书籍记载之谬误，订正史传，纠正错讹；对于有文字记载的历史，可用于弥补文献记载的缺失。文物是研究历史及专门史的重要实物史料，对史学的研究，特别是对重建上古史有着特殊、重要的价值和作用。

人类社会的发展，科学技术和文化艺术的发展、进步，都需要借鉴历史，而文物则是最好的实物教材，它有自己独特的特点，它是一种文化载体，同时也是一种精神文明的表现。它作为历史见证，真实性强，具有很强的说服力，它以具体、形象、生动的物质形态展现在人们面前，具有极强的感染力，是任何其他教育手段所不能替代的。因此，文物对研究者和大众，对一代又一代人，对民族和国家以至于全人类，对已往的历史和未来，都将发挥永续的作用。

二、文物的价值

文物是具有历史、艺术和科学价值的文化遗存，文物的价值是客观存在、不可否定的。文物有无价值，需要把遗迹、遗物放到产生它的那个历史时期去分析研究，历史上遗留下来的遗迹、遗物，作为历史的产物，都被打上了时代的烙印，因此，都具有历史价值。文物的价值体现在以下方面：

（一）文物的历史价值

文物的价值内涵丰富，在文物所具有的四个价值中，历史价值最为重要。因为任何历史遗迹、遗物都是某个时代人类社会活动的遗存，是由产生它的那个时代的一定人群，根据当时的政治、经济、军事、文化等需要，运用当时所能获得的材料和所掌握的技术创造出来的。因此，它能从不同的侧面，反映出当时的政治、经济、军事、科学技术、文化艺术、风情习俗等发展情况，这些也是构成文物时代特点的主要内容。这些时代特点决定了文物是不可再生的，且它的使用价值是客观存在的，是不以后代人的意志为转移的。正是由于文物具有时代特点，所以能帮助人们去具体、形象地认识历史，从而了解历史的本来面貌。

（二）文物的艺术价值

文物的艺术价值内涵十分丰富，主要包括审美、欣赏、愉悦、借鉴以及美术史料等，它们之间既相互渗透，又相互制约。审美价值主要是从美学的深层次给人以艺术启迪和美的享受；欣赏价值主要是从观赏角度给人以精神作用，陶冶人的情操；愉悦价值主要是给人以娱乐、消遣；借鉴价值主要是从文物中提取其精华，学习和借鉴其表现形式、手法技巧等，并加以创新；而美术史料价值，主要是指文物可以作为研究美术史的资料。

文物中，具有艺术价值的历史遗迹、遗物主要分为三大类：①实用的遗迹和遗物，建造、制作的目的是为人们所使用；②美术品、工艺品等创作类的艺术品，此类文物的艺术价值一般很高，具备艺术价值内涵的各主要方面。

（三）文物的科学价值

科学价值的内涵主要包括知识、科学、技术等。古代各种遗迹、遗物本身都蕴藏着其产生的那个时代的科学技术信息，并从不同的角度和侧面反映了当时的科学技术水平和生产力水平，以及社会、经济、军事、文化的发展情况，可以为发展新的科学技术和文化艺术所借鉴。它蕴含的科学技术水平信息须通过实物比较研究才能确定，其中可能包括体现新发明的科学技术水平、稳定发展阶段的技术水平，乃至该种技术衰落阶段的水平。

由于文物价值内涵的复杂性和人们价值观念的不同，因此，评估文物价值往往会面临很大的困难。人们价值观的不同决定了他们对文物评价的标准不同，从而对文物价值的评估结果也不同。

此外，人们对文物价值的认识还受科学技术发展水平的制约。随着历史的推进，科学技术的迅速发展所带来的技术手段愈多，人们对文物价值的深层次认识也会愈丰富。所以，在对文物价值的认识和评价的过程中，不能只求一锤定音，或以一次决定对文物保护与否。

（四）文物的社会价值

文物作为人类历史发展的见证，不仅具有较高的艺术价值，还包含着各个历史阶段的经济、文化等信息。在社会经济文化研究方面具有极高的价值。文物社会价值的实现可以分为以下三个阶段：

第一，文物研究的专业人员以价值主体的身份去进行文物价值的研究，从而为之后的主客体之间的价值交换提供一定的依据。

第二，博物馆方面对文物开展一系列保护和管理工作，以展现文物的社会价值。这个过程可以吸引更多的人进入文物社会价值的交换当中，有利于文物价值的提升。

第三，让观众成为价值主体。通过博物馆讲解，让观众不断对文物社会价值进行认识和探究，知识水平得到相应的提升，加深受众对我国历史文明的认识。社会教育是博物馆工作的主要组成部分。在这个过程中，文物的社会价值可以得到体现。

此外，文物还具有一定的经济价值，这取决于它的时空性以及社会经济水平。文物的经济价值不是恒定的，而是变化的。一件文物在不同历史时期，呈现不同的价值。

第二节　文物的类型与功能

一、文物类型划分

文物的类型既是文物研究的重要内容，也是文物研究的主要方法，其本身也是一门学科，它是按照一定标准对各种类型文物进行科学分类，以便对文物从个体到群体、从微观到宏观，进行深入的科学研究，探讨它的发展规律，认识它的价值，充分发挥它的作用。

（一）文物类型的划分目的

第一，便于文物的科学管理。①未分类的文物处于一种无序状态，对文物进行科学的分类可以加强对文物的区分和认知；②不同文物具有不同特点，管理需要采用不同的方法、措施进行管理；③这也是实行计算机管理的客观需要。

第二，便于文物的整理研究和利用。这有助于诠释、理解文物的内涵和追踪藏品的生命周期。

第三，便于更好地保存文物。组成文物的材质不同，其理化性质有明显差异，因而对存放环境的要求和所采用的保护方法、措施也不同。只有在对文物进行合理分类的基础上，才能针对不同材质的文物构建适宜的保存环境。

第四，便于建立数字化博物馆，更好地为观众服务。例如，观众可以通过互联网查询文物的信息、理解文物的内涵，并且找到类似属性的其他文物，增加对藏品的了解。

（二）文物类型的划分意义

文物的类型对文物研究的重要性自不待言，其对文物保管也具有十分重要的意义：

第一，有利于馆藏文物的科学保护和保管。因文物质地不同，其物理性能和化学成分亦不相同，所以对温度、湿度、光照、生物（微生物）的反应和要求也各不相同，从而给文物保管工作带来很大困难。当馆藏文物按质地分类后，就可以根据文物质地对保管的要求，设置专门的文物库房，然后将同一质地的文物保存于同一库房内，按需要对温度、湿度进行必要的调控。

第二，有利于分级保管。按文物的等级进行分类，针对不同等级的文物采取相应的措施，有利于对文物加强保护和管理，如一级文物须配备文物专柜进行保管。而文物史迹则分为全国文物保护单位、省（自治区、直辖市）和县（市）级文物保护单位，分别由国务院和省、县级人民政府核定公布。这既说明它们的价值有高低之分，又说明对它们的保护管理须采取不同的办法。关于保护管理方面的重大问题，分别由公布文物保护单位的人民政府及其主管部门决定，常规的保护工作均由其所在地人民政府负责。因此，只有对庞杂的文物进行科学分类，才能便于管理，这样既能确保文物的安全，又能方便文物的查找、整理、研究和合理利用。

（三）文物类型的划分方法

文物是人类的历史文化遗存，文物的复杂性表现为：时代或年代不同，质地不一，种类众多，功能各异。文物类型的划分原则包括：①遵循同一标准；②按一定标准将同类型文物归为一类；③一种分类法只能有一个统一的标准；④对复合体文物进行分类，以约定俗成为原则。人们把复杂的文物按照一定的标准进行分类，有利于进一步的研究、保护和宣传。目前，常用的文物分类方法如下：

1. 时代分类法

时代分类法是以文物制作的时代为标准，对文物进行分类的方法。任何文物都产生于一定的时代，这是对文物按时代进行分类的依据。把同一时代的文物集合到一起，进行归类，可为进一步研究各个时代的文物打下基础。按时代对我国文物进行分类，总体上可分为古代文物和近现代文物。

（1）古代文物。古代文物，是指古代历史发展进程中遗留下来的遗迹和遗物，也称古代物质文化和精神文化遗存，范围十分广泛。古代文物分为两部分：①文物史迹，即古文化遗址、古墓葬、古建筑、石窟寺、石刻等；②文化遗物，其包含的内容很多，主要是各种古器物、古书画和古文献。就古器物而言，包括石器、玉器、陶器、骨角牙器、铜器、铁器、金器、银器、铅锌器、瓷器、漆器、竹木器、纺织品、工艺品等，而每一类器物中又包括若干种器物。这些文物反映着社会发展、社会生产、社会生活、社会文化等各方面的情况，是科学研究的重要实物资料，也是博物馆等文物收藏机构的主要藏品。

（2）近现代文物。相比"古代文物"来说，存在时间较短。虽然种类多，但由于这些文物产生于我们生活的时代，分类相对要直观、理性一些。近现代文物主要有革命文物、民族文物和民俗文物等。

2. 区域分类法

区域分类法是以文物所在地点为标准，对文物进行分类的方法。文物有产生地点、出土地点、收藏地点、埋藏与发掘地点。总的来说，文物都有它所在的位置，离开了具体的地点，文物就无法存在。区域分类法，就是以此为根据的。按照文物所在的区域进行分类的优点是，可使人们对某个区域的文物有比较全面的了解，为研究该地区的历史提供比较全面的资料，尤其有利于加强对文物实行分区域的管理。

以区域分类法对文物进行归类，首先要对区域进行范围界定。通常有的以行政区进行划分，即国家权力机关或政权机关批准的行政区域，这些区域有严格的划分界线；还有以自然地理位置进行区域划分，即地理（自然）区域，这个区域的界线是模糊的。

从行政区域来看，只要是某省、市、自治区范围内的文物史迹和馆藏文物及流散文物，都应分别归入该省、市、自治区，即一般所称的北京文物、河北文物、山西文物、内蒙古文物等。再进一步区分文物史迹与馆藏文物，可分为北京文物史迹、北京馆藏文物、河北文物史迹、河北馆藏文物等，依此类推，这种区域分类法在文物调查、保护、管理、研究工作中早已存在，如省、直辖市、自治区以及市、县级文物部门编写文物志时，通常就是根据该行政区域的文物史迹和馆藏文物等资料来编写，称为某省（市、自治区）文物志，某市（县）文物志等。

还有一种方法是以自然地理的相对位置来划分区域，如中原与边疆，因此过去有中原文物和边疆文物的说法。由于没有明确的界线，在实际归类中难以操作，除了在文物研究或考古学研究中用于对比外，一般不使用此方法。

3. 来源分类法

来源分类法是以馆藏文物的来源为标准对文物进行归类的方法。该分类法只适用于博物馆、纪念馆和其他文物收藏单位。这些单位藏品的来源主要包括拨交、征集、拣选、交换、捐赠、发掘。

（1）拨交。在一个单位建立伊始，收集藏品是件大事。拨交的文物是其藏品的重要来源之一。不论是老馆、新馆，在建馆之初，或多或少都接收了拨交的文物。所谓的"旧藏"，严格来说是不存在的，至于拨交文物的来源，具体情况往往十分复杂，只能在具体文物的档案与卡片上有所反映。

（2）征集。包括收购，是文物收藏单位丰富馆藏的主要渠道之一。许多单位为了增加、丰富馆藏，而加强征集工作，并设立了征集机构。

（3）拣选。在废旧物资和金银器中常掺杂有许多文物。文物部门与银行、冶炼厂、造纸厂和废旧物资回收部门等共同负责拣选，为文物收藏单位提供藏品。

（4）交换。文物收藏单位可依据国家文物法规，开展馆际之间的文物藏品交换，是调节余缺，丰富藏品的办法之一。

（5）捐赠。即文物收藏单位接受文物鉴赏家或文物收藏者的捐赠。

（6）发掘。考古发掘获得的大批文物，为博物馆等文物收藏单位提供了丰富的出土文物，是增加、丰富历史类博物馆藏的重要途径。

在实际分类中，来源分类法并不常用。文物的各种来源多在文物的档案或卡片上加以记载。

4. 价值分类法

价值分类法是以文物价值为标准对文物进行归类，主要根据文物价值的高低来区分。根据中国文物法规规定，文物史迹，即古建筑、石窟寺、石刻、古遗址、古墓葬、纪念遗址或建筑物等，依据其价值的高低，由各级人民政府公布为全国重点文物保护单位、区（自治区、直辖市）和县（市）级文物保护单位。馆藏文物，即石器、玉器、陶器、铜器、铁器、金银器、瓷器、漆器、工艺品、书画等，依其价值高低，分为珍贵文物（一级文物、二级文物、三级文物）和一般文物。

5. 属性分类法

属性分类法是以文物的社会属性以及科学文化属性作为标准对文物进行归类的方法。在运用此种方法对文物进行分类时，首先要研究文物的用途及其深层含义。

6. 形态分类法

历史上遗留至今的文物都以一定的形态存在于某个地方。这里的"存在形态"是指文物体量的动与静、直观的存在与隐蔽的存在、存于收藏处所与散存于社会。

不可移动文物基本上都是文物史迹，古建筑、纪念建筑、石窟寺、石刻、古遗址、古墓葬、近现代重要建筑、纪念地等都属于此类。这些史迹一般体量大，不能或不宜整体移动，不能像馆藏文物那样收藏于馆内并可轻易移动。文物史迹不能或不宜整体移动，是从文物史迹整体的角度来说的。至于个别文物史迹，若有特殊情况，可考虑迁移。

可移动文物主要是指馆藏文物和流散文物，有石器、陶器、铜器、金银器、瓷器、漆器、玉器、工艺品、书画、古文献等。它们体量小、种类多，可根据其体量的大小和珍贵程度，分别收藏于文物库房，甚至文物囊匣内，并可根据保管、研究、陈列的需要移动，变换地点，这对其本身的价值不仅没有影响，反而能够更好地使其发挥功用。

7. 质地分类法

质地分类法是以制作文物的材料为标准，对文物进行归类。文物是由一定的物质材料制作而成的文化遗物，由于所用物质材料具有多样性，因此根据材质的不同对文物进行归类，是文物质地分类法的出发点。

质地分类法主要用于对古器物进行归类，这种方法有着悠久的历史。在馆藏文物的分类法中，此方法的运用较为普遍。按质地对文物进行分类有利于文物的保管，一般可将器物分为：石器、玉器、骨器（含骨器、牙器）、木器、竹器、铜器、铁器、金器、银器、铅锌器、锡器、瓷器、漆器、玻璃器、珐琅器、纺织品、纸质文物等。博物馆的文物库房一般也是按文物的不同质地来分区。

8. 功用分类法

功用分类法是以文物的功用作为标准进行分类的方法。文物作为社会生产和社会生活的遗存，都曾在人类活动的历史中起过或多或少的作用，人类在制作它们的时候，都具有一定的目的。任何一种文物，都有它的用途。在对文物进行分类时，可通过对其功用的研究，把功用相同或相近的文物归为一类，形成不同的类别。但文物的功用与其形制、种类是分不开的。形制是文物的外在，较为形象、具体，看得见、摸得着；功用是其内涵，通过其外在的形制发挥作用。

功用相同的文物，产生的历史时期、质地未必完全相同。例如，农具中既有石质农具、木质农具，又有青铜质农具和铁质农具；兵器也有石制、骨制、铜制、铁制等。这些质地不同的农具和兵器，其产生的历史时期也不完全相同。

此种分类法可把不同时期某一功用的不同质地的文物聚集到一起，对研究其产生、发展、变化以及在不同的历史时期所处的地位和所起的作用十分有利，并且对研究专门史具有重要意义。

二、文物的功能

文物具有多重功能，它们在文化、历史、教育和社会等领域中扮演着重要的角色。以下是文物的一些主要功能：

（一）文物的史料功能

文物作为实物史料，其证史、正史、补史的作用是开展科学研究、发挥文物作用的第一步。在完成第一步工作之后，还要运用这些可信且翔实的资料，研究历史，促进科学文化艺术的发展和经济建设。对无文字记载的史前社会来说，文物是研究、再现其社会面貌的实物史料。对有文字记载的历史时期来说，文物作为有形的物体，是形象、生动的实物史料，它比文献资料更加具有特殊的价值。

1. 文物的证史作用

中国古代文献是中国的文化宝库，丰富多彩的文物，不仅提升了文献记载的真实性、可靠性与珍贵性，又丰富实物资料，成为文献记载的真实见证。从另一个角度讲，文物可以对文献记载的历史加以佐证，在对社会历史各个方面进行深入研究的过程中，将文献与文物密切结合，使其相互印证，可以取得更好的效果。文物与文献相互印证，相吻合者已不乏其例。

2. 文物的正史作用

在古代，有些史籍在传抄过程中出现错误，有些在流传中缺失，有些被统治阶级删改等，这就使得文物的正史作用有了极其珍贵的价值。这些价值体现在文物可以校正古籍记载之谬误，订正史传，纠正错讹等方面。在古代，金石学家以金石文字正诸史之谬误，取得了很大成绩。而现今，利用各类文物中的资料修正文献记载，这使文物的作用在更大的范围内得以发挥。地方志中对一些古迹的记载，由于受时代的限制，缺乏资料，又未经实地调查，往往以一些传说为据，使记载失实。随着文物考古工作的深入开展，不少已得以澄清。

3. 文物的补史作用

文物的补史作用在于为无文字可考的历史提供实物资料，以供研究和恢复其历史；对有文字记载的历史而言，可弥补文字记载的缺失部分，以提供比纯文字记载更丰富的资料。

各种古籍是研究我国不同时期历史的宝贵资料。但不可忽视的是，正史和其他古籍受阶级局限和当时条件的限制，有大量史实，特别是关于劳动生产者的史实并未被记载，使得大量史实失传，还有不少史籍中许多史实被湮没。同时，人类社会是一个极为复杂、历史悠久的整体，年代愈早的文献，记载的史实愈简略，甚或不予记载，这就使得许许多多能介绍社会各个方面的史实缺载。

各个历史时期留存下来的丰富多彩的文物，可以较好地弥补文献记载的不足。文物本身储存的信息可以为研究不同问题提供真实可靠的资料。而有文字的文物，如甲骨文、金文、竹木简牍、帛书、古写本、古印本、石刻等，更是直接记载了历史的诸多方面，保存了大量历史资料，使人们得以了解某些方面的真实情况。

文物史料对专门史的研究也有着极其重要的作用。农业史、畜牧业史、纺织史、陶瓷史、冶金史、建筑史、交通史、天文史、雕塑史、医药史等专业史的研究都离不开文物史料，特别是原始社会无文字记载，只能依靠文物史料记录历史。

随着科学技术的发展，对文物的物质成分和所储存的信息了解得更为深入，也为专门史的研究和撰写提供了更加详细和精确的资料。文物作为有形的物体，在绘画、雕塑等一些专门史的研究中，是十分形象生动的实物史料，比文献资料具有更为特殊的价值。

在研究中国传统文化的民族形式方面，文物同样具有特殊价值。在研究中，若只依靠文献资料和文字描述，不易助人形成形象的概念；而增加文物史料，将插图与文字相结合，可以使人一目了然。例如，人们从古建筑、绘画、雕塑等文物上，更易了解中国传统文化的民族形式。

4. 文物的借鉴作用

文物是中国优秀文化遗产的重要组成部分，继承和发扬优秀文化遗产，发展新的科学技术和文化艺术，需要从文物中不断汲取养分。割断历史，抛开前人创造的文化财富基础去创新和发展，是空谈发展。

（1）借鉴与发展的见证。文物是一定历史时期的产物，是该时期科学技术和文化艺术发展水平的见证。如果把某类文物按时代顺序排列起来，研究分析它们的形式和内涵以及所储存的信息，就会发现后者往往吸收了以前历史时期的优点，同时具备了当代的特点或风格。不同历史时期所产生的各种文物，其本身就是一个时代不断借鉴、不断发展的实物见证。

（2）借鉴与发展科学技术。古代文物曾为发展科学技术和建设物质文明提供有益的借鉴。利用现代科学技术分析研究古代文物所储存的科技信息，是借鉴的重要方式，进而在研究其科学性的基础之上，不断创新。科学技术是历史文化的重要组成部分，我国古代有许多先进的科学技术成果在历史长河中被湮没，而有些在考古工作中被发现的实物能很好地体现出这些科学技术。其中部分考古实物在经整理研究，并采用现代科学技术进行分析检测之后，储存在文物中的科技信息已被提取，并成为当今科学技术发展的借鉴资料，或为经济建设提供了历史依据。我国文物中有大量文物其本身就是当时科学技术发展的成果，蕴藏着当时的科学技术信息。对这一类文物进行深入研究，特别是用现代科学技术进行分析研究。

科学技术发展提供可供参考的信息和资料。例如，古代的天文、冶金、水利和建筑等方面的文物都不同程度地承载着古代的科学信息，包括战国时期铸造铜器所使用的失蜡法，汉代生产球墨铸铁所使用的土法等。

（二）教育和启发功能

文物具有丰富的教育和启发功能，通过文物，人们可以进行实践学习，触摸、观察文物的细节，加深对历史、艺术和科学的理解。同时，文物也促进了跨学科教育，帮助学生了解不同学科之间的联系。观察和解读文物能够激发学生的想象力和创造力，培养他们的观察力和批判性思维。此外，文物还承载着不同时期的价值观和道德准则，通过研究文物，学生可以形成独立思考和价值判断的能力，培养他们的道德意识和社会责任感。

文物也有助于跨文化理解和尊重。它们代表着不同文化背景和传统，通过接触和学习文物，人们可以加深对不同文化的理解和尊重，拓宽视野，培养跨文化交流和合作的能力。同时，文物也有助于培养历史意识和文化认同。通过观察和研究文物，人们可以深入了解自己所属文化的历史渊源和传统价值，建立对自己文化身份的自豪感和归属感。

总体而言，文物通过实践学习、跨学科教育、激发想象力、培养价值观、跨文化理解和历史意识等方面的作用，具有重要的教育和启发功能。它们为学生、学者和公众提供了独特的学习和思考机会，培养了人们的综合素养、批判性思维和跨文化交流能力，推动了个体和社会的发展。通过保护、研究和传承文物，我们能够更好地利用这些宝贵的资源，让文物的教育和启发功能得到充分发挥。

（三）美学和艺术价值功能

文物具有独特的审美价值和艺术魅力，给人们带来美的享受和艺术体验。它们包括艺术品、手工艺品和建筑物等，展现了人类创造力和艺术成就。

艺术品以其精湛的技艺、优美的形态和细腻的细节，给人们带来视觉上的愉悦和享受。手工艺品展示了人类的技艺和创造力，通过独特的材料、纹饰和工艺展现了巧思和高超的技艺。古代建筑以其独特的设计和建造方式，展现了人类智慧和文化的结晶。

文物的美学和艺术价值不仅仅在于其表面的视觉效果，更重要的是其背后所承载的文化、历史和情感。每个时期的文物都反映了当时的艺术风格、审美观念和社会价值观。通过欣赏文物，人们可以深入了解不同文化和艺术传统，培养对美的敏感和欣赏能力。

（四）经济和旅游推动功能

独特文物资源使其在地区上，对经济和旅游方面具有重要的推动功能，不仅能够吸引游客和旅游产业的发展，还能促进经济增长和就业机会。文物的经济和旅游推动功能体现在以下方面：

第一，经济影响力。文物的保护和展示可以成为一个地区或国家的经济支柱。文物旅游产业可以带动相关产业的发展，例如酒店业、餐饮业、零售业等。同时，文物的修复和保护需要专业人才和技术，为相关行业提供就业机会。

第二，文化产业。文物可以成为文化创意产业的重要资源。基于文物的设计、制作和销售可以促进创意产业的发展，例如文创产品、艺术品等。文物的图案、故事和符号也可以成为文化创意产业的灵感和元素。

第三，旅游吸引力。拥有独特的文物和古迹可以吸引国内外游客，推动旅游业的发展。人们对历史、文化和艺术的兴趣可以成为他们选择旅行目的地的重要因素。古建筑、博物馆和考古遗址等文物景点的开放和宣传可以增加游客数量，带动相关产业的繁荣。

第四，教育和研究价值。文物是了解历史和文化的重要途径。学者、研究人员和学生可以通过研究文物来深入了解过去的文明和社会。文物的展示和解读也可以提供教育资源，让公众更好地理解和欣赏文化遗产的重要性。

第五，社区发展。文物的保护和利用可以促进社区的发展。文物景点和博物馆通常位于特定的地区，吸引了人们的关注和游客的到访，从而为当地经济带来收入。这些收入可以用于改善基础设施、提供社会服务和保护环境，改善当地居民的生活质量。

第三节　文物资源普查与治理

一、文物资源普查

文物资源普查是一项系统性的调查和记录，旨在确定、保护和管理特定地区或国家内的文物资源。加强文物科技创新，实施中华文明探源和考古中国工程，开展中华文化资源普查。

（一）文物普查和资源管理对国家认同的促进作用

1. 文物资源的文化象征意义和国家认同价值

（1）文物资料是研究中华文明起源与发展历程的重要资料。文物是记录印证中华文明发展的实物，文物的一个重要价值就是，通过考古学研究，验证历史文献记载，补充还原历史记载空缺部分，特别是中国历史早期文明发展，解决中华文明起源问题。

（2）文物体现了我国传统文化与西方外来文化之间的交流。中华文明是在与其他文明之间的交流融合，并吸收各种文化的精华而逐步丰富的，我国对外文化交流具有悠久历史，并遗留下众多具有代表性的文物。

（3）我国文物资源是文明传承的重要载体。我国文物见证了中华民族成长发育的历史，见证了国运的兴衰强弱，并成为传承中华文化，塑造表达民族精神，凝聚民族向心力的重要纽带和载体。各时期创造和遗留下来的文物，作为祖国文脉的精神象征和表现物，都成为支撑中华民族团结一致，奋勇前进的重要精神寄托和力量源泉。随着文物种类和数量的进一步丰富，代表社会主义先进文化的文物充实到我国文物体系中来，作为我国人民站起来、富起来、强起来的时代见证。

2. 我国文物资源的国家认同提升作用

（1）文物研究对国家共同情感和共同价值的阐释表达。文物具有历史、艺术、科学价值，文物是我国文明和历史的记录、见证，文物是我国文化的具体表现和载体。文物蕴含的艺术审美、人文精神是古代先民的杰出创造，也是中华民族繁衍生息，改造自然、发展生产的结果和物质遗存。这些遗存集中反映了中华民族形成和发展过程，沉淀着深厚的历史记忆，成为每位国民内心深处的共同情感基因，是维系民族团结、促进社会和谐、维护国家统一的重要力量。国家通过组织考古和历史研究，将文物中的历史信息进行挖掘整理。通过考古清理完成地层关系和文化类型的比对分析，通过文物研究识读制造材料与工艺，通过保护修复完成器型的修复整理，还原文物的历史真实面貌，最大程度保留和提取历史信息，通过文物大数据建设研究不同时期的文化类型及其特点，以及不同区域间的文化联系和相互影响过程。文物不仅仅是证史补史的材料，文物本身就是一部完整、真实和生动的历史，以文物为基础开展的历史研究，结合与相关文献的互补验证，能够对中华文明的起源以及文明形成机制、发展脉络进行追溯。

（2）文物资源和产品对国民共同情感的培养。文物资源是开展国民教育的优质资源，文物本身的艺术审美价值，以及其富含的独特文化魅力，是开展爱国主义教育、思想美德培育的生动素材，这些文物背后的故事更加生动和真实，通过文物这种客观存在的直观展示，有助于提升审美能力和丰富知识储备。

国家通过文物资源中的文化底蕴和历史信息挖掘研究，引导国民增强国家共同情感记忆，增强不同区域和民族之间的文化血脉联系，将中华文明多元一体的特征通过文物这一客观形象的具象的表达阐述出来，通过文化的独特魅力激发民众的文化自信和爱国情感，提升对国家共同价值的认同。国家通过推进文物资源的开放与共享，为国民利用文物资源开展学习研究，提供了更加便捷的通道。我国文物资源是人类文明的宝贵财富，蕴含着丰富的历史信息和文化知识，文物资源的开放，有利于保障公民文化权益，提升国民文化素质和认知水平。依托文物资源开展的研究和教育，极大地鼓舞了国人自信，丰富了国民的文化生活，成为促进国家认同的有力方式。

（3）文物资源管理的国家职能实现。从我国文物资源管理的历程梳理可以看出，文物作为文明发展的见证物，其保护管理的历史就是中国社会发展的缩影和写照。文物资源的管理，是我国文化主权的体现和国家利益在文化领域的延伸。我国文物保护，既经历了文化繁荣发展的古代盛世，也历经沧桑。我国文物资源蕴含和赋予的国家文明标识和文化象征，一直是维系民族团结，增加民族情感的坚强纽带，在国家认同中发挥着重要作用。而我国文物资源管理的曲折历程，也将不同时期的历史记忆深深浸透到文物中，形成更加丰富和绚丽的民族精神和文化印记。

文物资源管理，是重要的国家职能，体现了国家文化治理需要，也是维护我国文化主权的重要方式。我国通过文物资源普查，加强对文物资源的登记和文物资产的管理；通过水下考古特别是海洋考古，以及文物追索的开展，树立、宣誓了我国的领土主权和文化主权，成为在国际外交中维护国家利益，保障国家主权的重要方式。我国形成的政府主导、属地管理、分级负责的文物资源管理体制，以及周期性的文物资源普查模式和统一的文物档案管理体系，符合我国幅员辽阔、文物类型丰富、分布广泛的国情特点。同时，也是这种管理模式较好地处理了重要资源统一集中管理和一般资源分散就地保护的要求。

（4）文旅融合促进文物资源效益发挥。文物古迹是我国重要的旅游目的地，在文旅融合的背景下，更多的游客选择具有文化内涵的，高品质的文化场所参观游览。文物古迹和博物馆为国民提供了休闲度假的重要场所，通过在景区的讲解与文化解读，广大游客在游山玩水，心灵放松之际，感受祖国大好山川和悠久历史，增进对我国各民族、各地区文化的了解，也能实现旅游消费。通过发展旅游带动经济发展，推进乡村振兴，实现文物资源应有的效益和作用。特别是我国的北京、陕西、河南等成为入境游客重要的参观去向，通过文物资源开展的旅游，提升了我国文化在世界的影响力，也成为当地发展国际旅游，开展外汇创收的重要方式。

在当前城市化、工业化推进条件下，市场化的冲击对我国社会历史结构和生活方式造成了强烈冲击，快节奏对人的身心健康造成不良影响，前往名胜古迹的旅游，有利于当代人们在游历中完成与古代先人的文明对话，从古代的文明成果中寻找人与自然，人与人和谐相处的智慧答案。通过文物景点参观，从古代智慧中汲取的养分与知识，有助于游客拓宽视野、开阔心胸，感受古人的豁达与境界，减少焦虑急躁心理，完成心灵的洗涤，实现快节奏下的慢生活。在丰富的人文精神滋养下，实现个人文化康养和心理理疗。通过文物旅游及相关文化活动，能够增强国民的人文情怀，为社会和谐稳定，为经济的健康可持续发展，提供智力支持与精神动力。

（5）社会参与文物保护提升国民家国意识。文物资源是国家重要的资源，也是全体国民共有的宝贵财富。文物资源的保护，需要社会力量和全体公民的共同参与。随着民众保护意识的提升，全社会自觉地投入文物保护修缮中。社会力量和国民在参与文物保护抢救过程中，与传统文化的联系进一步密切，公民的国家意识进一步提升。国家引导下的社会力量、民间组织和个人参与文物保护工作，发挥出个体在国家文化治理中的主动作用，提升了公民的文化情感，促进公民对自我文化身份、本民族文化起源和文化传统有了更深刻的认识，对于国家共同价值更加理解和认同。

因此，我国的文物资源管理历程，特别是新中国成立以来的发展历程，也是服务于国家认同，推进国民强化国家认识，凝聚共同价值，激发共同情感，维护国家主权的过程。文物通过民族记忆的阐释和国家象征的表达，引导公众形成和强化国家公共价值，通过对中国传统文化的认识、认知，我国国民更加清晰了解所处国家的文化特质，以及我们共同具有的文化身份和国家身份。同时，在国家的引导下，通过与文物资源相关的国家主权表达和维护，带领全国各族人民捍卫国家共同利益，强化国民意识。文物资源通过国家共同价值的表达，引导国民国家身份的确认，激发爱国主义和集体主义，倡导民族团结和国家统一，激励国民从行为上对自我进行国民身份标识，维护国家利益，发挥了文物资源的社会价值与效益，也清晰构建了文物资源国家认同作用的实现路径。

（二）文物资源普查的目标

文物资源普查的目标是全面了解文物资源的状况和价值，为其保护和管理提供科学依据。它可以帮助决策者制定文物保护政策，制定合理的文物管理计划，推动文物旅游和文化产业的发展，以及提高公众对文化遗产的认识和重视程度。具体包括以下几个方面：

第一，确定文物的种类和数量。通过普查，可以确定文物的种类和数量。这包括建筑物、艺术品、器物、遗址、遗迹等不同类型的文物。了解文物的种类和数量可以为后续的保护、管理和利用工作提供基础数据。

第二，确定文物的分布情况。普查有助于确定文物的分布范围等分布情况。通过调查文物的分布，可以了解文物在地理上的分布特点，以及文物资源的集中区域和分散区域。

第三，评估文物的状况和价值。普查可以评估文物的状况和价值。状况评估包括文物的保存状况、受损情况、修复需求等。价值评估涉及文物的历史、艺术、科学价值等方面的评估，以确定文物的重要性和保护优先级。

第四。识别文物面临的风险和威胁。通过普查，可以识别文物所面临的风险和威胁。这包括自然灾害（如地震、洪水等）、人为破坏、盗窃、环境污染等因素对文物的威胁。了解这些威胁可以采取相应的措施来保护文物。

第五，提供保护和管理的决策依据。文物资源普查为决策者提供了保护和管理文物的重要依据。普查结果可以用于制定文物保护政策、规划文物保护区域、分配资源和制定保护措施。

通过实施文物资源普查，可以全面了解和把握文物资源的现状和特点，为其保护、管理和利用提供科学依据，从而确保文物的传承和保护，促进文化遗产的可持续发展。

（三）文物资源普查的步骤

第一，确定普查目标。确定普查的范围和目标，包括普查的地区范围、时间框架和普查的具体目的。普查的目标可以是了解文物的种类、分布、数量，以及文物的状况和价值。

第二，收集资料和建立数据库。收集现有的文物资料和相关信息，并建立一个全面的数据库。这些资料可能包括文物的位置、描述、照片、年代、历史背景等。

第三，实地调查和勘探。对目标地区进行实地调查和勘探，寻找和记录文物资源。这可能包括考古发掘、建筑调查、文物清点和测量等工作。

第四，文物分类和评估。对收集到的文物进行分类和评估。文物可以按照类型（如建筑物、艺术品、器物等）和价值（如历史、艺术、科学价值等）进行分类和评估。

第五，文物状况评估。评估文物的状况和风险。这包括文物的保存状况、受损情况、潜在威胁（如自然灾害、人为破坏等）等。

第六，编制普查报告和保护计划。根据普查结果，编制普查报告和保护计划。报告应包括普查的结果、问题和建议，以及对文物保护和管理的具体措施。

二、文物资源治理

文物资源治理是指对文物资源进行全面管理和保护的过程，起到确保文物的保护、传承和可持续利用。"在推进国家治理体系和治理能力现代化的进程中，文物行业也应由管理逐步向治理转型。"①

（一）文物资源治理的步骤

文物资源治理的步骤如下：

第一，法律和政策框架。建立健全的法律和政策框架是文物资源治理的基础。国家或地区应制定和实施相关的法律法规，明确文物的保护范围、责任分工、管理机构等，为文物资源的治理提供法律依据和规范。

第二，机构和管理体系。建立适当的机构和管理体系来负责文物资源的治理。这包括设立专门的文物管理机构、博物馆、考古部门等，并确保它们具备专业的人员、技术和资源来有效管理和保护文物。

第三，文物保护规划。制定文物保护规划是文物资源治理的重要步骤。规划应基于对文物资源的全面了解和评估，确定保护目标、优先事项、措施和时间表，确保文物的长期保护和可持续利用。

第四，文物保护措施。采取适当的保护措施来防止文物的破坏和损失。这包括文物修复和保护技术、环境控制、安全措施、防灾措施等。同时，也需要建立文物保护的监督和评估机制，确保措施的有效性和及时调整。

第五，文物利用和传播。合理利用文物资源，推动文物的传播和价值实现。这包括文物展览、教育活动、研究和学术交流、文物旅游等。通过文物的有效利用，可以实现文物的社会经济效益，并提高公众对文化遗产的认识和重视。

第六，国际合作和交流。加强国际合作和交流是文物资源治理的重要方面。国家或地区可以与其他国家、国际组织和专业机构合作，分享经验、技术和资源，在文物保护和治理方面互相支持和合作。

总之，文物资源治理需要多方合作和持续的努力。它旨在实现文物的保护、传承和可持续利用，促进文化遗产的保护与发展，同时也体现了对历史、文化和人类智慧的尊重和珍视。

（二）文物资源治理的策略

1. 多元化治理，构建开放式资源管理机制

当前，随着文物调查和考古研究的成果不断涌现，国家需要保护的文物资源总量持续

①刘爱河. 简论文物治理体系构建和治理能力现代化［J］. 中国文物科学研究，2017，（02）：46.

增加。与此同时，我国文物单位的开放力度不断加大，文物保护、管理、科研、展示成本大幅度上升，社会对文物领域的公共文化需求更加旺盛，也对文物保护行业公共资源的配置提出了更高的要求。

积极探索文物资源保护管理的多元化投入和社会化管理机制，由国家制定专门政策，鼓励社会机构和个人捐赠或者投入文物保护项目，由政府或者文物单位对相关行为予以表彰和奖励，符合要求的应该予以税费抵扣。国家通过建立文物保护专项资金，或者学习国外经验开设文物彩票等方式，吸引各方面资源和力量支持文物资源保护管理，拓宽经费来源渠道，并试点文物认领、认养，委托运行等方式，发动社会参与国家的文物资源治理体系建设。

2. 资源开放涵养共同情感

（1）构建完善国家文物资源大数据。充分利用现代信息手段，以及人工智能等技术开展文化遗产大数据建设，实现文化遗产的协同研究，是当今世界文物资源管理的发展趋势，也是推动文化资源开放共享、促进国民文化认同的有效手段。对此，国家应当在已有工作基础上，充分利用"大数据、云计算、分布存储"等科学技术成果，构建全国文物大数据平台，将全国各文物单位、收藏单位的不可移动文物、可移动文物资源信息进行整合后集中存储、统一管理，按照统一标准，实行资源网格化管理，支持多维度、多条件便捷查询和管理。平台按照"物理分散、逻辑互联、全国一体、交互共享"的原则建设，在现有普查数据基础上进行整合和更新，由国家统一运行和管理，资源实现跨部门、跨区域、跨行业合作共享，各级文物单位都可以在统一数据平台上对管理的文物信息进行管理和更新，各级文物行政部门对行政区域内的文物资源进行即时统计和分析，提升管理效能，从而能更加准确和及时地掌握文物资源的总体情况。在大数据建设的同时，由管理单位引入人工智能对大数据进行处理和分析，向研究机构和社会公众开放，真正使我国文物资源在总体信息的开放研究上成为可能，必将为我国历史研究和文明脉络梳理作出巨大贡献。

（2）促进文物资源信息开放共享。文物是国家重要的文化资源和民族共有的精神财富，无论从保障公民知情权和基本公共文化权利，还是从引导国民加强文化认同，实现文物资源应有的社会价值角度，都应该实现文物资源和信息的开放。

鼓励文物单位提升管理技术，加强文物资源信息的拍摄、采集、研究整理和录入，推动文物资源价值挖掘、知识挖掘和信息组织，形成完整的文物资源信息基础。应当由国家统一组织，针对全国重点文物保护单位、馆藏珍贵文物、全国十大精品陈列展览等重点项目，利用遥感测绘技术、三维扫描和建模、高清影像采集技术等，采集和建设专门数据库，开发相应数字文化体验产品，并向社会开放，从而实现文物资源信息开放、信息内容挖掘创新。

国家应当加强引导，发挥文物单位在文物资源和学术研究方面的优势，加强与社会力量的合作，促进文物资源的合理利用和中华文明的传播弘扬。特别是要鼓励互联网企业综合运用物联网、云计算、大数据和移动互联网等新技术手段，提供文物信息资源深度开发利用服务。鼓励各类第三方服务提供商积极参与全国文物资源信息平台建设和服务，提供文物图形图像、音视频、三维模型等数字资源，丰富文物知识。保障公民获取文物资源信息的有效渠道，通过面向公众的讲座、发布会等，向公众宣传文物资源管理保护情况，通过建设网站、微信公众号、手机 App 程序等方式，创造公众网络浏览文物资源信息的便捷化、人性化通道，吸引广大国民了解、参与国家文化资源建设和管理。

（3）依托文物资源加强国家文化空间构建。文物单位是重要的民族共同情感记忆凭证，也是国民进行文化交流，以及联通国家情感的重要公共空间，特别是国家考古遗址公园、古建筑、博物馆等。

增强文化自信，更要通过文物单位的空间构架和场景建设，要讲清楚中华优秀传统文化的历史渊源、发展脉络、基本走向。各级文物单位应当按照国家要求，创造条件加强文物单位空间的开放使用，为国民提供公共文化空间。采取举办公共教育活动、讲座、举办展览、展示等方式，推进国家文化传播，促进公众情感交流和沟通。文物单位举办教育和展览等活动，要坚持社会效益第一，各地应当整合区域内的文物、展览、学术研究等资源，策划优秀展览项目，适应社会文化生活的新特点和人民群众的新期待，强化陈列展览策划的观众导向原则，将知识性、趣味性和观赏性有机结合，增强陈列展览的表现力、吸引力、感染力，在潜移默化中促进国民共同情感和共同意识的构建。

全国文物单位应该要注重和加强文物空间的教育作用，加强与教育部门联系合作，利用适合未成年人认知、欣赏的重点文物、标本，面向学校和中小学生举办专门的陈列展览，充实符合青少年认知习惯的文字说明，将文物场所和空间建设成为学校教育的"第二课堂"。同时，应当发挥文物资源的文化优势，走出文物单位的围墙和馆舍，拓展广阔的文化空间，通过数字文物展览或者流动博物馆等方式，送展下乡、送展入基层，实现与基层社区服务机构合作长效机制，将文物蕴含的价值观念和传统文化精髓进一步融入公众日常生活。

3. 城乡均衡发展强化共同意识

（1）通过文物资源增强城市文化内涵。城市文明是现代文明的重要内容和代表，城市是当代人群主要聚集地和现代社会生产枢纽及中心。城市文化建设，直接决定国家文明的发育，影响着国家主要人口的文化素质，体现国家文化发展水平。

国家应当采取措施，引导地方政府要重视和做好文物资源的保护和管理工作，要按照国家要求，在国土空间总体规划中统筹划定包括文物保护单位保护范围和建设控制地带、水下文物保护区、地下文物埋藏区、城市紫线等在内的历史文化保护线，纳入国土空间规划"一张图"，实施严格保护；针对历史文化资源富集、空间分布集中的地域，以及非物质文化遗产高度依存的自然环境和历史文化空间，明确区域整体保护和活化利用的空间管控要求。

国家要支持各级历史文化名城建设，充分挖掘文物资源的价值内涵，发挥好文物资源在社会发展中的积极作用。国家在促进区域协调发展，开展城市都市圈建设中，应当重视和发挥历史文化资源的作用，对于一些历史悠久、文明积淀深厚的地方要做好城市考古和历史风貌整治。国家应当鼓励各地依托文物资源开展博物馆之城建设，将博物馆建设成城市文化地标与公共交往空间。提升城市文化品质，将智慧博物馆与智慧城市建设结合，发挥好博物馆在城市文化治理和十五分钟生活圈中的功能与作用。

（2）发挥乡村振兴中文物资源作用。乡村振兴，文化兴盛是要义，乡风文明是保障。乡村文物资源，既是乡村文化建设的重要阵地，对于乡村的经济社会发展具有不可替代的重要作用。

第一，深入挖掘农耕文化蕴含的优秀思想观念，高度重视乡村文化建设，加强农村文物资源保护，为增强文化自信提供优质载体。基层政府和文化部门要对农耕文化进行传承保护，发挥其在凝聚人心、教化群众、淳化民风中的重要作用。在乡村建设中，要保护好文物古迹、传统村落、民族村寨、传统建筑、农业遗迹、灌溉工程遗产。支持农村地区戏曲曲艺和民间文化传承发展，加强非物质文化遗产调查和传承，促进历史记忆、地域特色、民族特点融入乡村建设与维护。

第二，鼓励乡村史志修编，加强乡村经济社会变迁物证征藏，通过生态博物馆、户外博物馆建设展现农耕文化魅力和乡村文明历史。提升乡土文化内涵，弘扬人文之美，重塑诗意闲适的人文环境，形成良性乡村文化生态，让子孙后代记得住乡愁。

第三，加强乡村"软治理"，重塑乡村社会资本。针对乡村社会资本存在的封闭、分散、保守、薄弱等一系列问题，需要着力培育村民的信任、合作、协调、创新等意识，并从重构村民价值认同和符号系统，成立乡村志愿组织，拓宽公共参与空间，加强乡村道德建设等方面探索破解之道。重构村民价值认同和符号系统，增强村民乡村记忆。营造乡村公共空间，使其拥有共同交往的平台，增强村民的"共同在场感"，拓宽乡村社会资本的培育渠道。

第四，加强乡村道德建设，引导村民共同遵守村庄伦理准则。要弘扬社会公德、职业道德、家庭美德和个人品德，引导村民自觉履行法定义务与道德责任。以文明创建为乡村振兴赋能，推动乡村旧貌换新颜；要弘扬中华传统美德，培养村民自律精神，逐步建立一整套包括厉行节约、公平正义、敬业乐群、遵纪守法、为公共利益服务等内容在内的伦理价值规范。村民遵守共同的道德准则，有助于为培育乡村社会资本提供更多的资源和条件。

（3）重视传统节日对中华文化的弘扬。要依托文物资源的价值内涵和文物单位的公共空间，结合传统节假日促进传统文化振兴，通过丰富文物单位活动形式，增强与社会公众之间的联系与情感纽带，把中华优秀传统文化内涵更好更多地融入生产生活各方面，带动公众形成保护传承传统文化的自觉，增强文化自信。

为了推动中国传统节日的振兴工程，国家应采取积极措施并予以支持，以鼓励各地的文物单位按照相关要求，深入挖掘文物资源中蕴含的历史传统和故事，举办广受公众欢迎且具有互动性的多样文化活动，以丰富春节、元宵、清明、端午、七夕、中秋、重阳等传统节日的庆祝内容，从而营造出浓厚的中国传统节日氛围。

国家要引导、鼓励文物资源管理单位，注重我国传统节气的研究宣传，利用文物资源与非物质文化遗产的互补，鼓励通过农民丰收节等庆祝活动，推广开展龙舟比赛，支持城乡居民举办舞狮、舞龙、划彩船等群众性文化体育活动，振兴传承优秀传统文化。加大对国家重要礼仪的普及教育与宣传力度，在国家重大节庆活动中体现仪式感、庄重感、荣誉感，彰显中华传统礼仪文化的时代价值，树立文明古国、礼仪之邦的良好形象。研究提出承接传统习俗、符合现代文明要求的社会礼仪、服装服饰、文明用语规范，建立健全各类公共场所和网络公共空间的礼仪、礼节、礼貌规范，推动形成良好的言行举止和礼让宽容的社会风尚。

4. 文化产品供给提升软实力

（1）发挥好文化产业对传统文化的传承带动作用。国家应当引导和支持文化企业与文物资源管理单位合作，加强授权管理与共同经营，深入研究挖掘文物资源背后的文化内涵和历史故事，利用文物资源中的审美要素和传统工艺，人物形象和故事情节等，充实丰富文化企业的内容创新、创作。地方政府应当引导文化企业用中华优秀传统文化的精髓涵养企业精神，培育现代企业文化，根据实施中华老字号保护发展工程的要求，支持一批文化特色浓、品牌信誉高、有市场竞争力的中华老字号做精做强。

要通过文化产业带动和提升全社会文化产品供给，国家应当制定政策，对于文化企业予以土地出让优惠、税收减免，实行政府购买服务等方式，支持本土文化企业和文化产业发展，参与公共文化产品的生产和传播，依靠市场资源配置手段，集聚传统文化发展需要的人才和资本，提升传统文化覆盖面和传播效果。文化企业与文物资源单位要通过合作，将传统文化和科技力量、现代审美和现代生活相融合，在发展过程当中应当将创意和文化资源有机结合，通过产业化发展的形式，实现商品和价值观的有效对接。国家和地方各级政府应当加强特色文化品牌建设，扩大传播范围。品牌具有较高的经济价值、社会价值和文化价值，加强特色文化创意品牌建设是提升消费和文化认同的方式之一，开拓国际市场，扩大传播范围和文化影响力，提升我国文化软实力。

（2）促进文物资源保护传承与旅游融合发展。当前，我们正进入文旅融合的大众旅游时代，地方政府和旅游企业要做好旅游中的文物资源保护，开发挖掘好文物资源内涵，发挥文化在旅游产品和服务中的灵魂作用，实现旅游在文化交流传播中的渠道作用，以文塑旅、以旅彰文，在文旅融合理念的指导下，通过职能融合，推进资源融合、产业融合、服务融合和交流融合，让旅游化利用成为文物保护利用的重要途径和文化交流传播的重要渠道。

旅游企业应当与文物资源单位合作，着力提升旅游产品的文化内涵和品质，积极开发主题性文化、文物旅游产品。地方政府应当对旅游开发加强规范和管理，坚决反对为了旅游开发而破坏文物，避免为了旅游开发而大拆大建改变地方历史风貌的行为。各级文化和旅游行政部门要加强宣传教育，引导景区开发建设和管理运营单位增强文化自觉，依托地域特色文化文物资源培育旅游产品、提升旅游品位，打造更多体现文化内涵、人文精神的特色旅游精品，让旅游成为人们感悟中华文化、增强文化自信的手段。

国家应当支持旅游企业通过开展文化观光、文化研学、文化体验等专项旅游产品和文化主题日、主题周、主题月、主题年等专项活动的设计和推广，让旅游在帮助人们开阔眼界、增长知识、陶冶情操、提高修养等方面发挥更大作用，把旅游作为文物有效利用、文化传承和交流的重要方式，将历史文物中蕴含的思想内涵和精神价值传递给广大旅游者，将"诗和远方"有机结合起来，让旅游在弘扬民族精神、促进文化交流中发挥更大作用。

5. 国际交流提升文化影响力

（1）开展文物领域国际文化交流。国家应当创造条件，支持文物单位利用文化遗产日与国际博物馆日加强文物资源保护意识宣传，促进国际交流合作。加强文物考古、保护修复、文物展览、人才培养等方面的国际合作，实施文化遗产保护与交流合作专项规划，健全丝绸之路和海上丝绸之路文化遗产保护与申遗跨国合作机制。

开展文物外展精品工程，打造文物外交品牌。创新人文交流方式，丰富文化交流内容，不断提高文化交流水平。充分运用海外中国文化中心、旅游推介和各类品牌活动，助推中华优秀传统文化的国际传播。依托国家海外文化阵地和海外机构，搭建多层次机制性文物交流合作平台，与国外文物机构共建合作传播基地，增强中华文化国际传播力、影响力。

实施文物外展精品工程，积极探索中国故事、国际表达，打造一批出境展览知名品牌，增强中华文明的传播力和影响力。深度参与博物馆国际治理，搭建多层次、机制化的交流合作平台，在文物保护、合作办展、人才培养、科学研究、文创开发等领域广泛开展国际交流合作。

（2）通过文物合作促进人类命运共同体建设。国家应当积极加强与联合国教科文组织及其他国际组织合作，加强文物追索的国际合作，支持国际文物抢救和保护，积极支持建设国际文物庇护所。深度参与文化遗产国际治理，提升中国话语权，展现负责任大国形象，为构建人类命运共同体作出重要的文化贡献。

（3）利用文物独特魅力讲好中国故事。国家要发挥和利用好我国世界文化遗产的品牌作用，按照国际公约的要求履行好保护责任，并积极发挥其在文化旅游、休闲服务等方面的积极作用。发挥好语言、汉字的独特魅力，推动中外文化交流互鉴。加强对外文化交流合作，支持中国各类非物质文化遗产代表性项目走出去。积极宣传推介戏曲、民乐、书法、国画等我国优秀传统文化艺术以及举办相关的文物展览，在讲好中国故事的同时使受众在审美过程中获得愉悦、感受魅力。

文物单位在开展对外文化交流时，应当坚持以我为主、加强对等交流，鼓励与国外博物馆互换展览和联合举办原创展览，鼓励出境展览举办归国汇报展览。实施世界文明展示工程，通过借展、联合办展、多地巡展等方式，使中国博物馆成为世界文明交流对话的平台，共享人类文明发展成果。

第三章　博物馆的现代化发展

第一节　博物馆的技术现代化

随着科技的飞速发展，物联网、大数据、云计算、移动通信、虚拟现实、全息技术、增强现实、智能中控以及室内定位技术等新兴技术对于博物馆展示与管理，正发挥着越来越重要的作用。

一、博物馆与物联网技术

物联网是指通过互联网将各种设备和物体连接起来，形成一个相互通信和交互的网络。"伴随第三次信息技术革命的到来，以物联网为核心的信息技术在多领域迅速发展，物联网得到了国家的重视，并上升至国家战略。"① 物联网是通过采用传感技术，通过协议约定的方式，将所有事物与互联网进行连接。物联网有三个特征：①感知的广泛性：充分发挥 RFID、传感器和二维码等获取物体信息的优势。②信息传递的可靠性：在电信网络与互联网有机融合的大环境下，能够实现随时随地传递信息。③处理的智能化：采用智能计算技术对物体实施智能化的控制，利用例如云计算等对信息进行分析并加以处理。

在博物馆中，物联网技术可以实现文物、展品与参观者之间的互动和信息传递。通过传感器和标签的应用，文物和展品可以实时监测和追踪，同时参观者也可以通过移动设备获取更多的信息和参与互动体验。

（一）观众服务领域

博物馆可以通过物联网技术，可全面感知观众存在。通过 RFID 等物联网技术增强展览与观众的互动，并应用观众的移动终端将预先设定的服务推送到观众手中。当持有电子门票的观众靠近展品，系统根据观众所在位置情况，触发向注册终端推送免费或观众付费的功能模块，显示该展品详细的文字、语音、图片和动画等多媒体介绍资料，使观众更深入地了解其背景资料，使得科普与人文宣传更生动、更容易理解、知识更全面。

---

① 楚凯．物联网技术在博物馆安防系统中的应用研究［J］．技术与市场，2021，28（03）：94-95.

（二）博物馆安防领域

公共安全是物联网技术应用较早的领域，并产生了很好的效益。应用物联网技术辅助博物馆安全管理工作，可使物联网的关键技术（RFID 技术、无线传感网络技术、数据智能处理技术等）在博物馆视频监控、环境数据采集、文物和展品定位、消防报警等方面发挥巨大的作用。

根据博物馆内各区域对各项参数的不同要求，利用物联网技术实现对文物和藏品存放的温湿度、有害气体成分、光照强度、生物虫害等多种环境量值进行监控，协调智能决策系统建立一定的联动报警机制，以便采取相应的措施进行自动调节或人工调控，使博物馆环境处于一个适合文物保存的良好状态。在博物馆领域有很多应用物联网技术进行环境监控的例子，比如基于物联网技术的智能文物微环境实时监测系统在陕西历史博物馆的多个展厅及库房实施，取得了良好的效果，获得了国内文物保护及考古界专家的好评。

（三）博物馆管理

物联网在博物馆管理中的应用主要指对文物、人员和设备的管理。可综合考虑设备的使用功能、操作和管理要求等因素，通过系统软件实现对库房中文物的管理、员工的管理和设备运行的管理。

文物库房的智能化管理应用 RFID 标签技术，通过对附加标签的文物进行非接触式识别、数据传送和动态管理，可最大限度地降低管理员的工作强度。系统可以应用虚拟现实技术在终端管理计算机的虚拟三维库房地图上准确显示出每件文物的空间位置，方便查找文物和库房盘点；对借出和入库文物的情况实时自动登记存档，可供管理者追溯事件时查询历史数据；当出现非法移动文物的情况时能自动报警。在文博行业，很早就开始讨论如何应用 RFID 技术在文物库房管理中为文物附加标签。文物具有极高的历史、艺术和科学价值，将高科技手段应用于对其管理，要注意这种以保护为主的监控对象的特殊性。首先要确保附着标签时不损坏文物。其次要保证标签的附着方式可以被有效识别，否则无法达到精确感知和及时传递数据的目的。而且，应用新技术进行管理还需要一个工作理念的转换过程。所以，现代化科技手段应用于文博行业，不只是服务与需求相结合的问题，更是管理制度与现代科技手段相融合的一种探索。博物馆成功地将二者结合在一起而获得更好的管理方式，无论对博物馆行业还是对信息化行业，都需要经历一定时间的研究过程。

（四）对管理者的辅助决策

在公共信息服务平台中建立数据中心，对物联网实时感知的数据和业务数据、资料数据进行智能分析和处理，使各部门获取的信息形成数据共享机制。数据不仅可以用于本部门的日常管理和研究，还可以通过统计分析实现智能预警，提高感知能力、自动分析和报警能力。当出现突发事件时，可实现在虚拟地图的支撑下迅速确定事件发生的位置，通过数据分析生成应急预案。还可通过平台统一部署和调度应急资源，结合掌上电脑、无线图像传输设备、智能手机等数据获取和接收终端，实现与工作人员之间的数据传输，提高现场处置能力，使现场指挥更加时效化、智能化和直观化。

在该系统的建设中，专家库、预案库等数据库的建立与完善十分重要。利用以往专家的知识和处置经验建立的数据库可以为生成当前应急事件的处置措施提供宝贵的信息源。数据分析和应急处置方案的形成、指挥调度指令的分发等工作都要基于数据库中海量数据的准确度与经验数据的可参考性。所以，组织专家进行案例分析和业务流程的梳理、建立正确的业务关系等相关工作，在系统开发环节应得到足够的重视。前期工作的完善程度会影响系统的科学性和应用价值。

二、博物馆与大数据技术

大数据是指海量、复杂的数据集合，通过分析和挖掘这些数据可以获得有价值的信息和洞察。大数据技术的特性包括：①大量化。企业面临着数据量的日趋增长。目前，大数据的规模尚是一个不断变化的指标，各种意想不到的来源都能产生数据，数据集的范围跨度之大。②多样化。由于新型多结构数据和多样的数据类型（网络日志、社交媒体、互联网搜索、手机通话记录及传感器网络等）是多样性的增加原因，特别是在特定的场合传感器增加了数据的多样性，比如安装在火车、汽车和飞机上的部分。③快速化。在高速网络时代，创建实时数据流已是大势所趋。快速化有两方面的含义，于企业而言，一方面需要掌握快速创建数据的途径，另一方面还需要领会快速处理、分析并返回给用户的方式方法。

在博物馆中，大数据技术可以帮助管理者了解参观者的兴趣和偏好，优化展览设计和布局。同时，大数据分析还可以对文物保护和修复提供有益的指导，通过数据驱动的决策来保护文化遗产。

第一，规范文物信息。大数据技术则可以建立一个数据系统，将文物信息数字化，采集数据的时候只需将相应的数据录入系统中即可，将类别、年代等文物信息细化，真实详细地录入系统当中，为后期文物信息的数据调用、分析等应用打下基础。

第二，文物数据监测，提高保护程度。文物保存与安全是博物馆工作中最重要的一项，过去的技术对于文物当下情况掌握得并不及时，而随着互联网技术的出现，能够实时地进行文物情况监测，对文物所处环境的温度、湿度、电力情况、防水、防雷以及博物馆所处地方的气候、人流等数据都能进行实时的监测。在这些数据的基础上，博物馆工作人员能够及时地掌握文物所处环境的变化情况，一旦发现异常能够及时进行处理，这对于文物的保护有着重要的意义。因此，在获取基础数据的前提下，对数据作出进一步的分析处理，从中获取有用信息，进而提高工作效率并及时检测文物自身情况和安全情况。

第三，分析目标观众，针对性开设展览。博物馆最大的意义就是铭记历史与文化传承，而这一切所服务的对象是人。观众群体对于博物馆运营来说非常重要，这决定了博物馆能否将文化底蕴传承出去，因此对于观众多方面的分析是非常重要的。博物馆必须采集观众的各种数据去了解观众喜欢的方向，对目标观众做好针对性地展开文物展览。具体做法博物馆可以记录每一次展览的观众数量、地域来源、各个时间段的观众数量以及观众的性别、年龄等，同时通过多种渠道去了解观众喜好，比如官方网站、官方微信、微博等。建立一定的数据基础之后就开始分析观众喜欢怎样的展览、喜欢哪个年代的文物、在哪个时间段比较有时间参观展览等，从而根据综合分析结果来开展博物馆的展览宣传推广，加大传播的宽度和广度，吸引更多观众，进而更好地服务观众，进行文化、历史传承工作。

第四，推广渠道多样化，加大推广力度。互联网时代到来出现了各种各样的渠道，当下人们获取信息的途径越来越多，针对博物馆的运营不能只停留在简单的传统的推广宣传上。传统单一的宣传推广渠道限制了传播的宽度和广度，让很多潜在观众无法了解相关信息。因此，博物馆应该充分利用网络渠道，在官网、微信、微博等渠道上大力推广，提高观众的认知，更好地推广历史文化。

三、博物馆与云计算技术

云计算是一种基于网络的计算模式，可以提供按需获取的计算资源和存储服务。博物馆可以利用云计算技术来存储和管理庞大的数字文物和展示内容。同时，云计算还可以支持博物馆之间的合作与共享，促进资源的互通和协作。云计算的主旨思想，形成计算资源池，按照用户的需求提供有针对性的服务，对网络连接的计算资源实行统一管理和统筹调度。"云"指其资源提供。从使用者角度来看，其资源是可以实现无限扩展，按需使用，随时随地享用服务并及时扩展，其费用支付按照用户使用量进行支付。云计算特点：①安全可靠的数据。由专业团队负责信息管理，为数据中心提供在保存数据方面的协助。②对客户端的低需求。由于对用户端的设备要求最低，使用便捷。云计算环境中，用户想要享受云计算带来的便利很容易实现，拥有一台可以上网并装有浏览器的电脑就可以实现。③共享数据简易。通过云计算可以轻松实现设备之间的数据与应用共享功能。④海量的存储功能和强大计算能力。由于云计算具有空间的无限拓展性和极强的计算能力，因此在用户存储和数据管理方面展现出突出的优势。上述的优势依靠大量服务器集成的集群就可以实现。云计算系统关键技术有编程模型、数据管理技术、数据存储技术、虚拟化技术、云计算平台管理技术。

博物馆的云计算技术应用如下：

第一，云计算技术为博物馆提供了高效的数据存储和管理解决方案。传统的博物馆管理涉及大量的文物信息、展览数据和访客记录等，云计算提供了强大的存储能力和灵活的数据管理功能，使得博物馆能够轻松地存储和管理海量的数据，并实现数据的备份和恢复，确保数据的安全性和可靠性。

第二，云计算技术为博物馆的数字化展览和在线教育提供了有力支持。借助云计算平台，博物馆可以将丰富多样的展览内容数字化，并通过网络进行展示，使得更多的人能够远程参观和学习。同时，云计算还提供了强大的计算能力，使得博物馆能够开发出交互式的虚拟展览和沉浸式的学习体验，为观众带来更加丰富和深入的文化体验。

第三，云计算技术还为博物馆的合作与共享提供了便利。博物馆之间可以通过云计算平台进行数据和资源的共享，促进各类文化遗产的互通有无。博物馆可以共同开展合作项目，共享数字化资源和研究成果，推动博物馆事业的发展和创新。

总之，博物馆的云计算技术应用为博物馆管理与展览提供了全新的解决方案。它不仅提供了高效的数据存储和管理，支持数字化展览和在线教育，还促进了博物馆之间的合作与共享。随着云计算技术的不断发展，相信博物馆将在数字化时代展现出更加广阔的发展前景。

四、博物馆与移动通信技术

移动通信技术是通信技术新的发展，是利用移动终端设备来进行通信，实现信息的交流，以共享资源的一种技术。以 5G 技术为例，中国作为全球最大的 5G 网络建设市场之一，其覆盖范围随着经济的发展不断扩大，应用场景也更加多样化，产业链也更加完善。5G 就是第五代移动通信技术，是具有高速率、低时延和大连接特点的新一代宽带移动通信技术，是实现人、机、物互联的网络基础设施。

博物馆可以利用移动通信技术提供导览服务、文物解说、虚拟导览等功能，为参观者提供个性化和丰富的参观体验。以 5G 技术为例，5G 技术在博物馆中的应用如下：

（一）日常管理

博物馆与 5G 技术融合，使博物馆在各方面的日常管理工作中都能取得更加高效的成果，而且能够在线上第一时间和相关人员交流分析，这也缩短文物研究中所耗费的时间。5G 技术与博物馆的融合能提供一个高效可靠的平台让大家交流讨论，以此能更快地确定研究成果，同时也加速了线上线下的参观者进行浏览的进程。

在对博物馆中的文物进行登记、修复、安保等过程中，5G技术的融合可以让这些日常管理工作在变得更加轻松的同时还能获得更精准的数据。智能化的安保，主要是指在博物馆的建设过程中，在5G网络的技术支持下，利用无损探测技术、智能遥感技术，对影响博物馆藏品的环境因素以及这些藏品的健康状态，进行多维度的、全方位的量化分析，从而将探测结果以三维立体建模形式展示出来，构建出一套博物馆藏品诊断、分析、处理以及评价的数字化保护体系，从而实现对这些藏品的预防性积极保护。

针对文物安全，利用5G技术，可对博物馆藏品的出库、入库、运输、修复、展览进行全程跟踪，实现对这些文物管理过程中的实时监控。在馆藏文物的鉴定与修复方面，通过5G技术的支持，引入人工智能技术和远程鉴定技术。利用5G网络的联通功能，在文物的鉴定方面构建广泛的互动交流机制，在这些交流过程中，全方位地收集相关的多维度的文物资料，并且能够听取各方面专家的意见和建议，从而对这些藏品形成更准确的鉴定；对于馆藏文物的修复，特别是一些还原工作较大、损毁程度高的文物修复，可以应用VR仿真还原技术，并利用远程诊断技术和远程修复技术，在广泛征集专家意见的基础上，采纳他们的修复技术指导。还可以积极应用远程修复技术，请世界各地的修复高手来完成文物修复工作。对一些只有文字描述而已失传的文物，可以通过文物数字化来呈现其本来形态，满足人们的观赏欲望。

随着5G与云计算、区块链、大数据等融合，博物馆面貌将发生很大的变化，彻底改变以往那种缺乏科技感，形式单一静态的文物展览陈列方式，并不再局限于馆内实体展出形式，线上线下相结合。场景化、动感化、交互式的展览陈列方式改变了枯燥、缺乏互动参与的参观过程，使陈设展览内容更加丰富，更具有观赏性，使文物"活"起来。同时也突破时间，空间的限制，可满足朋友间随时随地实时连线观赏并交流体会的需求。这种互动形式强烈刺激观众的好奇与兴趣，从而仔细观赏展品，并全面了解文物的历史背景信息和独特意蕴。

（二）宣传推广

博物馆可以融入"短视频+直播"传播体系，实现线上线下联动传播机制，充分发挥博物馆的教育传承功能。

第一，构建博物馆自身的融媒体系统。5G时代，部分博物馆已经在"短视频+直播"传播体系构建方面取得一定的成绩，通过构建博物馆自身的融媒体系统，不断完善自身的融媒体网络，取得了良好的传播效果，这也为博物馆的"短视频+直播"传播体系构建提供了可供参考的经验。

第二，发挥"短视频+直播"的传播合力。随着短视频、直播平台的发展，博物馆文化传播面临新形势，线上公益讲座、博物馆短视频、云游博物馆等形式逐渐兴起，网络平台的博物馆宣传渠道得以发展。5G时代，博物馆传播有新的发展机遇，借助短视频与直播平台，能够丰富博物馆网络传播新业态；通过大数据分析，能够实现短视频与直播精准推送，保障粉丝质量与粉丝黏性。"短视频+直播"具备社交属性，点赞、评论、转发、合拍、直播弹幕等，能够极大满足用户的社交需求，一系列的线上活动也能够激发用户的参与积极性，激发用户对博物馆的探索欲望，吸引更多群众前往线下博物馆参观游览，通过深度互动，提高博物馆的传播广度与深度。

第三，拓展"云端博物馆"传播新领域。博物馆"短视频+直播"传播体系的构建过程中，"云端博物馆""云展览""云直播"等服务深受群众喜爱。依托数字技术、360°全景、VR、AR、MR、AI等技术，能够实现博物馆的线上重构，实现博物馆、博物馆陈列展览、精品馆藏等数字化、可视化，带给受众沉浸式、多维度的线上展览体验。例如，陕西历史博物馆推出《大唐遗宝——何家村窖藏出土文物展》全景漫游虚拟展，通过5G、VR、360°全景导览等数字技术的应用，实现对博物馆展厅的三维重现。用户通过手机、电脑等终端，就能够进行博物馆全景虚拟展览，拉近了博物馆文物与公众的距离，也提升了文物与游客之间的交互性，带给游客沉浸式的"云"展览体验。博物馆在"云端博物馆""云展览""云直播"建设过程中要兼顾形式与内容，结合自身特色，推出原创性的"云端博物馆""云展览""云直播"，满足不同群众的博物馆观展需求，在"云端"释放博物馆的魅力。

（三）安全管控

基于5G技术应用场景具备高可靠性、低时延的特征，在博物馆的应用中，可更好地发挥其科研作用，如通过远程监控技术，进行考古现场的发掘，在考古发掘过程中，利用5G技术的远程监控，让专家、学者们实时参与考古全过程；同时，在对文物进行修复时，可利用5G技术进行线上研讨，获得实时在线技术支持，更好地完成文物修复工作。

基于5G技术的低时延，可提升博物馆安全管控工作的及时有效性，更好地提高博物馆文物保护安全工作，将大量的传感器、消防探测器、安防探测器布置在博物馆，对整个博物馆实施无死角、全方位监控，可以更准确、更快速地完成动态响应。随着人工智能技术的发展，基于5G技术可更好地发挥人工智能的优势，实现博物馆安防的自动巡逻、远程控制、应急处理等。

（四）服务对象

随着5G技术的发展，加之5G技术具备的低时延、大带宽、大连接等，有利于拓展博物馆服务对象。同时，通过虚拟现实技术为线下实体展馆提供数字互联网平台，创建虚拟博物馆，将博物馆陈列展品、文物、故事等，纳入虚拟博物馆内，吸引更多受众人群，走进 VR 虚拟世界，体验不一样的虚拟展馆，为受众带来终极视听体验，对博物馆长远发展具有积极作用。

智能化服务，就是指在 5G 网络背景下的互动展览、信息推送、数字导览、虚拟参观以及各种电子商务等服务形式。通过这些技术，使身处世界各个角落的游客都能利用智能手机，随时随地地、近距离地、高清晰地欣赏这些馆藏文物。并且利用相应的应用软件，虚拟参观博物馆，通过各种网络途径了解不同文物的背景、相关的资料以及蕴含于其中的文化内容；在互动展览过程中，5G 技术使传输画面色彩更丰富。

针对文化教育，5G 技术开启了一个超高清的视频时代，更加拓展了远程教育的路径与方法，更加丰富了远程教育的形式与内容，为未来的学习型社会创造了必要的条件，使得人们未来的远程学习更加前景明朗。在 5G 技术背景下，智慧博物馆可以结合馆藏优势，开展更多的网络体验教学课程。从而使原来有限的参观学习空间无限扩展，能够让身处世界各地的学习者随时随地学习到这些体验课程；在观众管理方面，智慧博物馆可以根据大数据分析，为观众提供更多的基于满足他们多元化视觉需求的参观引导，并且能够为不同的参观者提供有针对性的参观计划和参观安排，从而节省观众的时间，提高他们的参观学习效率。

（五）区块链技术应用

区块链技术本身具有分布式储存、防篡改、透明可信、高可造性等。将 5G+区块链技术应用于博物馆的文物管理，包括对文物的保护、研究、交流、鉴定真伪以及成果分享等，具有广泛的应用场景。区块链技术在博物馆发展的实际运用中必须以 5G 技术为支持，从而能让其价值得到最大体现。

博物馆通过区块链技术可加深馆与馆之间的交流和合作，形成良好的合作推广体系。在文物的移送展览和联动推广活动中，运用 5G 技术能发挥最大价值以此收获良好的成果，让国内外的博物馆都能够进行合作和交流，同时也能让观众更深刻地感受到历史文化的重要性。

（六）资源管理

博物馆的智慧管理建设，要重点围绕博物馆的人力资源、财产资源和藏品资源来展开。在人力资源管理方面，对员工的绩效考核能够在某些方面形成系统的全程量化模式，这样就使考核变得更加科学而合理。除了可量化的考核指标之外，5G 技术还可以将员工的创新精神、工作热情、人文素养整合在一起，从而构建成一套完整的员工画像系统，使对员工的考核变得更为合理，更人性化，也更加全面而客观；在藏品资源管理方面，在5G技术的支持下，智慧博物馆的所有产品本体以及与它们相关的信息，都能够被物联网的传感设备感知并传递，并且无线连接数量在全球范围内成倍增长。在此基础上，无线射频识别技术也得到了长足的发展，能够实现博物馆藏品和电子标签的安全绑定，使得所有的藏品都能够形成信息查询和追溯。这样，智慧博物馆的产品就能够形成全流程的智慧管理新模式。

五、博物馆与虚拟现实技术

虚拟现实技术能够模拟和再现真实世界的场景，使参观者能够身临其境地体验博物馆展示内容。通过虚拟现实技术，参观者可以与文物互动、参与历史场景再现，增加参观的趣味性和吸引力。虚拟现实技术是目前计算机信息科学的前沿学科，它以计算机技术为基础，利用计算机模拟生成一个逼真的虚拟环境，使用户仿佛置身于一个生动、形象的感官世界，从而获得与现实世界一样的真实感受。置身于这样的虚拟环境中，观众可以感受到立体的视觉环境和音效。

博物馆的虚拟现实技术应用为观众提供了全新的展览体验和互动方式。以下是虚拟现实技术在博物馆中的一些应用场景：

第一，虚拟展览。通过虚拟现实技术，博物馆可以创建逼真的虚拟展览，使观众可以远程参观博物馆的展览。观众可以通过佩戴虚拟现实头盔或使用虚拟现实设备，像身临其境般地探索博物馆的各个展厅和展品。虚拟展览为观众提供了更加灵活和便捷的参观方式，可以突破时间和空间的限制。

第二，互动体验。虚拟现实技术可以为观众提供与展品互动的机会。观众可以通过手势识别、触觉反馈等技术与虚拟展品进行互动，触摸、旋转、放大展品，甚至可以体验与展品互动的场景，增强观众的参与感和沉浸感。

第三，虚拟实验室。博物馆可以利用虚拟现实技术创建虚拟实验室，模拟科学实验和文物保护的过程。观众可以在虚拟环境中参与实验，进行科学探索和文物保护的学习。这种虚拟实验室不仅可以提供安全的实验环境，还可以将抽象的科学概念和技术原理以直观的方式展示给观众。

第四，虚拟讲解员。借助虚拟现实技术，博物馆可以创建虚拟讲解员，为观众提供个性化的导览和解说。观众可以通过虚拟现实设备与虚拟讲解员进行实时互动，获取展品背后的故事和详细信息，提供更加深入和个性化的参观体验。

第五，文物保护与修复。虚拟现实技术可以在文物保护和修复方面发挥重要作用。通过将文物数字化，并利用虚拟现实技术还原文物原貌，保护人员可以更加方便地进行文物的研究、修复和保护。虚拟现实技术还可以模拟不同环境对文物的影响，帮助保护人员更好地了解文物的脆弱性和保护需求。

总之，虚拟现实技术为博物馆带来了许多创新的应用方式。它不仅为观众提供了更加身临其境的参观体验，还拓展了博物馆的展览和教育功能。随着虚拟现实技术的不断发展，相信博物馆将继续探索更多创新的虚拟现实应用，为观众带来更加丰富和深入的文化体验。

六、博物馆与全息技术

全息技术是一种能够产生逼真的立体影像的技术，可以为展览提供更加生动的展示效果。"伴随着成像技术的革新，全息技术已经广泛应用于广告宣传、舞台表演等方面。"[1]在博物馆中，全息技术可以呈现文物的三维模型，使观众可以从不同角度观察文物，并获得更多的细节和信息。以 3D 全息投影技术为例，3D 全息投影技术可以满足人们对博物馆沉浸式体验的技术之一。3D 全息投影技术是一种利用干涉和衍射原理记录并再现物体真实的三维图像的技术，在博物馆的展品展览中，观众可以通过"全息展示玻璃"与展品进行互动，体验视觉冲击快感。

博物馆的 3D 全息投影技术应用为观众带来了沉浸式的展览体验和创新的展示方式。以下是该技术在博物馆中的一些应用场景：

第一，3D 全息展示。博物馆可以利用 3D 全息投影技术将展品呈现为逼真的三维影像。观众可以在没有实物的情况下，通过全息投影看到展品的全貌、细节和运动，仿佛展品真的出现在他们面前。这种技术使得观众可以从多个角度欣赏展品，提供了更加直观和丰富的观展体验。

第二，互动展示。3D 全息投影技术可以与观众的互动结合，创造出动态的展示效果。观众可以通过手势、声音或其他传感器与投影互动，控制展品的运动、放大、旋转等，实现自主探索和参与感。这种互动性使得观众成为展览的一部分，增加了观展的趣味性和参与度。

第三，虚拟场景再现。通过 3D 全息投影技术，博物馆可以还原历史事件、文化场景或自然景观等虚拟场景。观众可以通过全息投影进入这些虚拟场景，与历史人物互动、观察生态系统等，体验过去的场景。这种技术能够将观众带入一个更加身临其境的虚拟世界，增强了历史和文化的传承与理解。

---

①刘铸，王彦入，凡正波．共享型博物馆全息投影设备［J］．中国新通信，2018，20（22）：153.

第四，艺术表达和创新展示。博物馆可以利用 3D 全息投影技术展示艺术作品和创新的展览方式。通过投影在空间中呈现抽象艺术、光影效果或多媒体内容，创造出独特的艺术体验。这种技术的应用还可以鼓励艺术家和创作者以全新的方式表达他们的作品，推动艺术和科技的交叉创新。

第五，教育和解释工具。3D 全息投影技术为博物馆提供了教育和解释的工具。通过在投影中添加文字、图像、视频等多媒体信息，博物馆可以向观众提供更加详细和多样化的解说内容。观众可以通过全息投影获得关于展品背后故事、历史背景、科学原理等的深入了解，促进知识传播和学习体验。

总之，博物馆的 3D 全息投影技术应用丰富了展览方式，提升了观众的参观体验。这种创新的展示方式不仅可以吸引更多观众，还能够激发他们的好奇心和学习兴趣，推动文化传承和知识普及的目标。

第二节　博物馆的服务信息化

一、博物馆信息化建设

（一）博物馆信息化建设的特征

基于信息化建设的日趋成熟，使得博物馆的发展出现了前所未有的机遇。因此，越来越多的博物馆由原来的藏品标本的收藏、展示、研究机构，转型成面向社会并向公众服务的文化传播机构和信息资料咨询机构。这样的转变，从某种程度上客观反映了一个国家或者是一个地区的文明发展程度。其主要特征如下：

第一，基础设施现代化。基础设施包括基于物联网的感知网络、基础数据库、信息资源目录体系与交换体系以及信息安全体系等。博物馆信息化建设通过物联网等技术，实时动态采集基础数据，保证基础数据的准确，完整和及时更新。

第二，信息服务泛在化。博物馆信息化建设以系统主动感知观众的需求为目标，采用为参观者提供导览引导、远程资源预订、自导航、自导游、电子门票、电子支付等多种信息服务为渠道，综合门户网站、移动门户、服务热线和咨询中心多种途径，保障参观者无论身处何地都能随时得到泛在化服务；提升观众参展的附加值，满足观众的个性化，多样化需求。

第三，业务管理高效化。为了达到实现对行业的智能化、精细化管理的目的，博物馆信息化建设通过数据统计和智能分析为管理者提供实时、精确的数据；以参观者对博物馆的评价或评级为基础，提升博物馆的监督管理水平；以更优的资源配置，采用共享信息和协同应用，提高应急管理能力。

（二）博物馆信息化建设的内容

博物馆加强信息化建设的内容主要应该包括以下几点：

1. 藏品征集与信息化

藏品是博物馆开展陈列展览、社会教育、科学研究、内部管理的基础。要提高博物馆藏品征集的数量和质量，就必须充分利用信息化全天候、多渠道、立体式的快捷平台，以可移动文物普查为契机，进一步优化藏品征集的流程，转变观念，提升效益。因此，藏品征集的方式要从时空上转变：即克服"画地为牢""坐井观天""就地取材"，实现"由近及远"的转变，要从博物馆本区域向外区域拓展，扩大藏品征集的工作半径，实现从狭窄区间向更大领域的征集，进而实现藏品征集的区域最大化；实现由传统征集方式向现代征集方式的转变，打破点对点的征集，实现点面结合和面面俱到；实现由现场实物征集到网络海选征集的转变。付款方式实现由现金付款到网上电子银行付款，进一步杜绝漏洞，提高效率。藏品运输实现由馆内保卫人员押运到特殊物流押运方式的转变，进一步增强文物藏品运输的安全性，达到征集更快捷，征集的类别、范围、领域更广泛，征集效果更好。

2. 文物保护与信息化

例如重庆中国三峡博物馆，要以建设重庆文物保护装备产业基地为依托，以精心打造"设施配套、功能齐全、技术雄厚、优质高效、辐射西南、享誉文博"的三峡文物科技保护信息平台为契机，以信息资源共享为目的，以提高文物修复能力、服务更多的文博机构和老百姓为使命，以提高文物利用率、展出率、成果转化率为关键，为充分发挥"中国科学院大学科技考古与文物保护实习基地"和本馆可移动文物修复优质服务机构、文物保护工程勘察设计甲级资质、文物保护工程监理乙级资质、可移动文物技术保护设计资质、可移动文物修复一级资质在文物修复领域的领军地位和辐射作用，按照市场准入原则，积极开辟拓展文物修复领域，努力抢占西部文物科技性保护和修复的制高点，通过长期的实践积累，取得可观的社会效益和丰厚经济效益。

3. 内部保障职能与信息化

博物馆的保障包括安全保障与行政后勤保障。对于安全保障而言，博物馆应该利用信息化技术提高安防水平，保障博物馆安全。而后勤保障方面，在采购、办公自动化、人事管理、财务管理、票务管理上均应该加大信息化力度。博物馆的内部职能包括收藏保管、科学研究和文物修复等三个方面，而这三个方面无一例外地都可以利用信息化。博物馆收藏与保管的信息化就是利用计算机管理藏品信息。如开发一个藏品管理系统对编目、出库、入库、注销进行记录与统计；利用信息技术对藏品进行整理分类，做到整理精确化；通过三维实景拍摄技术，将博物馆内的文物信息立体、全面、直观地记录下来，方便文物信息的管理，其中古籍的数字化已在许多博物馆应用。研究的信息化主要体现在研究信息的提取、研究技术的运用及研究结果的推广上。此外，信息模拟技术对文物的修复和保护所发挥的作用也是巨大的。

4. 外部职能与信息化

博物馆的外部职能包括展览、公众教育和公共服务。展览信息化的主要表现形式有虚拟展览。可以将博物馆建筑的平面或三维地图导航结合全景导览，让观众自由穿梭于每个场馆中，只需轻动手指就可以全方位参观浏览，配以音乐和解说，让参观者身临其境。而利用信息化还可以使教育形式更加丰富多彩，教育内容更加生动直观。在公共服务方面，信息化可以在观众导览、展览展示上发挥重要作用，同时还可以利用信息化对观众进行调查分析以为他们提供更加贴心的、人性化的服务。

二、博物馆公共信息化服务内容与发展趋势

（一）博物馆公共信息化服务载体

1. 博物馆网站

（1）博物馆概况。主要包括博物馆简介、现任领导、机构设置、参观指南等。博物馆简介包括博物馆的性质、建馆历程、藏品及陈设展览情况介绍等，以便公众在实地参观博物馆前有个大致的了解。机构设置主要包括博物馆的基本构架以及各部门的职责。参观指南主要包括博物馆的地址、联系方式、交通路线、参观指南（参观时间、门票价格、优惠措施、预约服务、平面图、服务设施等）。

（2）新闻动态。主要包括博物馆新闻和国内、国际文博动态。特别是博物馆近期展览和活动内容大多放在首页最显眼的位置或以滚动形式播出，以引起参观者的注意。

（3）馆藏精品。博物馆藏品是中华民族宝贵的精神财富。许多博物馆中的大量藏品，由于受展出空间及保护条件的限制，长期得不到很好的展示和利用。而互联网、多媒体技术的发展，使得大量未能展出的藏品，通过博物馆网站得以多角度、全方位的展示。

第一，图文展示。故宫博物院网站的"数字资料馆"栏目，可以欣赏七千多件文物、古籍的详细介绍和精美图片，探索故宫众多宫殿建筑的历史信息，文物保护和故宫出版物

情况，进入任意一个类别，可以看到更加细致的时代和藏品分类等。如果需要查找特定的藏品，可以单击页面上的检索工具进入搜索，还可以输入搜索条件查看各种主题的相关内容。这意味着参观者足不出户就能轻松获得故宫博物院馆藏文物的图文信息，这是亲自到故宫博物院参观都未必能获得的。

第二，三维展示。在多角度、多方位展示藏品方面，上海博物院"视觉艺术"栏目下的"三维藏品"展示尤其值得称道。它对"父乙觥"这种盛酒器的功用通过"结构展示"，把觥哪一部分盛酒，哪一部分是盖，酒从那个部位溢出演示得形象生动。而对另一件盛酒器"父庚觯"则通过"铸造流程"，把它从用泥制模到预热灌注铜液并铸造成功的全过程表现得清清楚楚。观众对这样的形式不仅感到新奇，而且还在兴趣中学到了知识。

（4）陈列展览。陈列展览主要包括常设展览和临时展览。常设展览大多是博物馆固定陈列在网上的重现。临时展览则是对博物馆举办的临时展览进行内容介绍。除此之外，许多博物馆还提供了网上的虚拟展览，它是运用数字手段将未在现实中举办过的展览或是运用现实手段难以表现的展览在网络空间展示于公众，充分发挥先进的数字科技手段，利用网络虚拟空间的自由性，以多种形式、多角度、全方位、深层次地呈现出来。

（5）教育培训。主要包括文献检索、专题讲座、学术动态等内容。如故宫博物院在其网站中设置了全文检索功能，参观者随意输入关键字就能搜索网站中所有与之相关的信息；上海博物院网站也设置了全文检索功能，可对典藏精选、文博快讯等栏目进行全文检索，使参观者能够更方便快捷地找到自己想要获得的信息。专题讲座是在网站上登出近期将要举办的讲座的主题及内容。

（6）互动交流。互动交流主要包括留言板、论坛、博客、网上调查、趣味问答、智力游戏、微博、微信等。博物馆通过网络与观众进行信息交流，并以此对博物馆的工作进行改进，充实网站内容，而观众也可以利用网络进一步了解博物馆的陈列展览增长知识。通过这种信息反馈渠道，可以使博物馆与公众充分交流，改进博物馆信息服务质量。

（7）博物馆之友。如首都博物馆网站是国内第一家建立网上会员制的博物馆网站。会员可以建立自己的博物馆，通过登录首都博物馆网站的珍品典藏、网络讲堂、学术论著栏目，从中挑选自己喜爱的文物图片或文字资料，在"我的博物馆"栏目中，依照自己的意愿建立完全个性化的私人博物馆；可以不定期地收到首都博物馆最新展览及活动的通知通告，使每一个精彩展览都不会错过。通过注册时会员填写的邮件地址或手机号码，网站后台维护人员以电子邮件或手机短信的方式推送展览及活动信息。

（8）网上商店。许多博物馆将其纪念品商店搬到互联网上，使参观者能够足不出户地浏览博物馆商店的产品，并可以在网上订购、邮寄，使购物更加方便。同时也起到了宣传的作用，为博物馆商店吸引更多的顾客。湖南省博物馆在其博物馆商店中展示有养生、漆器、丝绸纺织品、青铜、琉璃、书籍、湘绣、纪念品、瓷器等 10 个系列产品，界面新颖、图片美观，非常吸引眼球。用户通过购买指南，可选任一适合自己的购买方式，购买相关文化产品，还可浏览相关优惠活动。还在淘宝网上开设了官方旗舰店，扩大了文化产品的购买渠道。

（9）博物馆周边景点的介绍。用户在网上参观完整个博物馆后也许产生了想要参观博物馆的愿望。那么介绍博物馆的周边景点，既满足了参观者想饱览风景的愿望，同时也促使参观者尽快将参观的愿望转化为行动。

2. 社会机构

近年来，社会机构利用现有博物馆数字资源进行公共服务新尝试的案例也层出不穷。谷歌艺术计划（Art Project），是谷歌与世界各地博物馆合作，利用谷歌街景技术拍摄博物馆内部实景，并且以超高解析像拍摄馆内历史名画，供全球网民欣赏的一项服务。百度百科数字博物馆，是百度百科与传统博物馆联手共建的权威知识普及平台，致力于让广大网友足不出户畅游全国博物馆，感受互联网带来的知识魅力。社会机构与博物馆的合作，无论是传统互联网应用，还是移动互联网中的应用，都将成为博物馆公共服务功能开发、研究、借鉴和探索的案例。

（二）博物馆公共信息化服务的发展趋势

随着博物馆数字化的深度与广度的不断加强，作为新媒体的网络，不仅仅是博物馆展示宣传的新途径，也是博物馆拓展教育功能、提升服务质量的重要手段。博物馆充分利用互联网覆盖范围广、不受时空限制、形式灵活多样的特点，将博物馆网站建设作为博物馆发展的重要部分。博物馆公共信息化服务正呈现如下发展趋势：

1. 信息资源数字化

随着信息时代的来临，世界各国博物馆都纷纷开始将信息技术与博物馆业务相结合，开展信息资源的数字化工作。从 20 世纪 90 年代开始，中国博物馆界开始了利用信息技术开展数字化工作的尝试。故宫博物院、上海博物院和敦煌研究院纷纷建立了计算机藏品信息管理系统。时至今日，"数字故宫""数字敦煌"已经成为中国博物馆数字化工作的知名品牌。

博物馆依托信息技术，将大量的藏品、展览信息、研究成果、讲座、文化产品等用户感兴趣的内容，以文字、图片、音频、视频、三维展示等方式发布在互联网上，供用户浏览、使用。博物馆网站已从早期简单的图文展示发展到运用虚拟现实技术让公众身临其境。数字化技术的应用使博物馆突破了实体博物馆的诸多限制，许多在库房中"不见天日"的藏品和"只能远观而不能亵玩"的展品，由于数字技术的应用，得以在网上全方位的展示，让公众能在虚拟世界中品味、把玩藏品。

2. 服务对象社会化

随着我国国民经济的稳步发展，人们对文化的需求也日益加大。公众对博物馆的诉求发生了变化，全民渴望了解和欣赏文化遗产的愿望空前高涨。博物馆不再仅是为参观者提供实地考察的场所，也成为推动民众间互相了解和多元文化互相交流的载体。博物馆信息服务突破了原有的时间和地点限制，将分布在不同地域、不同系统的信息资源整合在一起，形成信息资源体系，同时也把分散在不同地域、不同系统的用户纳入了网络服务体系。信息服务的触角向跨行业、跨地区、跨国界延伸。

3. 服务方式个性化

现代社会已经进入一个多元化的阶段，人们比以往任何一个时代都有更为强烈的自我需求。年龄、性别、职业、生活经历、爱好的不同使公众对博物馆有不同的需求，每个人关注的内容和希望获得的信息都是不同的。随着博物馆免费开放工作的开展，博物馆针对不同类型的观众提供不同的服务已成为一种趋势。

在免费开放博物馆中遴选在展览展示、未成年人教育、讲解导览、宣传推广、文化产品推广、旅游推广、社区文化促进、网站服务、管理创新、社会参与等服务方面十个最佳项目。这是博物馆在探索体制机制创新，改进管理方式，探索个性服务的新举措。

4. 服务内容综合化

随着公众对文化需求的不断提高，博物馆已成为人们文化生活的一部分，观众已经不满足简单的参观浏览，需要博物馆为其提供更全面的服务。网络为公众充分利用博物馆提供了良好的途径，参观者可以随心所欲地参观博物馆网站中的某一部分展品、某个特殊展览、查阅某些文献、定购某种纪念品，以满足其不同的需求。在藏品方面，博物馆为公众提供图文和三维展示；在展览方面，提供图文、3D场景漫游和虚拟展示；在宣传教育方面，提供远程学习、在线讲座和视频；在丰富文化产品的基础上，发展博物馆网上商店，探索在馆外设立博物馆商店分店，积极开拓海外市场。依靠富有吸引力和具有市场竞争力的文化商品来维系博物馆与广大会员之间的联系，建立发达的会员组织；在互动交流方面，提供博客、论坛、留言板等服务，为公众互相交流学习、鉴赏提供了平台。

5. 服务手段多样化

随着移动通信和网络技术的发展，越来越多的博物馆尝试将手机、微博、微信等新兴工具应用于博物馆信息服务。手机导览服务基于信息和通信技术，整合海量的藏品信息，与场馆、展厅、观众、服务人员、知识库等信息相融合，构建综合导览数据库，通过手机终端为广大群众提供现场或远程、在线或离线的导览服务。手机导览服务方式多样，包括客户端导览、WAP 导览、短彩信导览等，借助文字、语音、图像、视频等展现方式，通过手机为观众提供动态信息查询、展览/展品查询、参观路线方案查询等一系列现场辅助导览及远程教育服务功能。微博则是 web2.0 时代新兴的极具代表性的实时讯息系统。而微信作为一款独创的社交工具，博物馆通过微博、微信平台将馆内动态信息更广泛地传递给大众，并与之实时互动，受到广大用户的青睐。

6. 信息资源整合化

近年来，随着我国博物馆数字资源建设的深入发展，单个博物馆网站简单的信息发布、基本的互动沟通等功能已无法满足需要。如何把博物馆数字资源整合起来，建立一个和谐的"生态群"，为公众提供"一站式服务"，成为各地都在思索的一个新命题。北京、浙江、河南等一大批省市正在改变各自为战的局面，以省市门户网站为抓手，将分散的文博信息资源整合起来，建立"北京文博""浙江文物网""河南文物网"等平台，让公共服务更有效。以"北京数字博物馆"为例，该网站由北京市文物局、北京市信息化办公室和北京市科学技术协会共同主办。其主要内容包括数字馆藏展示，以及北京其他数字博物馆及实体馆的导航信息，旨在实现北京地区博物馆、科技馆的相互连接、信息共享、和集中展示。

总之，网上博物馆的诞生，博物馆的发展，都源于观众需求的不断发展变化。如何利用互联网给公众营造一个快乐的学习和生活环境、一个有利于青少年心智成长的网络环境、一个能够服务公众休闲娱乐需求的环境，是博物馆信息化工作者应该思考的问题。如今的博物馆观众就生活在网络环境中，他们的学习、社交、购物、娱乐等活动都依赖于互联网进行，可以说，下一代博物馆观众更适应这种网络生活。因此，利用互联网拓展博物馆公共信息化服务，是未来博物馆发展的战略选择。

第三节　博物馆的资源与交互数字化

一、博物馆资源的特征与类型

博物馆赖以生存的基础是资源，即数字资源。数字资源也常被称为电子资源，是指以被计算机识别的"0"和"1"代码形式，即二进制代码，将文字、图像、音频、视频和动画等形式的信息存储在光、磁等非纸质载体上，以光、电信号的形式进行传输，并能通过计算机或其他外部设备再现出来的信息资源。数字资源往往需要数据库技术进行管理，需要计算机技术进行处理，需要通信技术进行传输，需要多媒体技术进行战现，将多个领域融合在一起。因此，梳理和分析这些现有的元数据标准，了解其特点和适用性，将有助于博物馆工作人员或相关研究人员更好地使用和完善元数据标准。此外，对于整体数字资源的管理，将有助于建立面向服务的数字资源管理体系。

（一）博物馆资源的特征

第一，类型多样化。博物馆资源的信息类型非常多样，既有陶瓷、书画、青铜器、玉器、织物，也有墓葬、建筑、石刻、壁画等，此外，还有各种保护研究资料。从形式划分，既有文字、照片、图片等静态媒体信息，也有影音、视频、动画等动态多媒体信息。各种类型的信息往往相互交错，被博物馆联合用于展览展示、知识传播和公众教育。

第二，信息共享化。博物馆资源被无差别、无限次地复制后，仍可以保持信息内容的完整性、一致性，不会影响到信息质量，且数据源本身也不会受到任何损坏。此外，博物馆资源通过网络可以将其副本传输到网络可达的任意一个角落，可以实现跨省市、跨地区、跨国家乃至在全球范围内共享。

第三，存储介质化。博物馆资源的数量极其庞大，需要存储介质的支持。存储介质的使用范围很广，存储规模取决于具体存储介质的基本存储量。

第四，处理计算机化。博物馆资源的组织、索引、分类、编目和生成报表等工作都需要在计算机上进行，依托数据库管理软件、办公软件、报表软件、统计分析软件等完成实际的任务。计算机是整合、加工和处理数字资源的平台。

第五，传输网络化。除光盘、U 盘、移动硬盘等移动存储设备难以实现少量数据的迁移外，大规模数据的传输还是要依赖于网络而进行。通过网络可以实现任意距离、任意区域、任意时间段上的传输，传输的具体情况依赖于网络带宽、时延等。

此外，博物馆资源同普通数字资源一样，也具有安全性较低的特点。这是由其先天性质决定的。由于数字资源的产生、加工、处理、存储和传播等都离不开数字化设备、计算机系统和网络系统，因此，博物馆资源对各种设备或系统的软、硬件具有很大的依赖性，离开了使用的软、硬件环境，用户将可能无法使用，甚至无法识别其中信息。此外，由于数字资源的存储安全性和传输可靠性会受到计算机病毒和网络病毒等的威胁，因此，需要建立病毒检测和防御体系，以便时刻保障资源不被恶意地盗取、篡改或删除。即便如此，还需要警惕一些黑客的主动攻击和破坏，因此也应该采取合适的反黑客措施，甚至制定数据备份方案，以便在数据丢失、被破坏之后进行及时补救，从而减少损失。

（二）博物馆资源的类型划分

1. 按照资源的内容划分

（1）本体数字资源。本体数字资源是指直接由藏品本体获得的数据，如文物的图片、文物的视频和文物的三维模型等，一般是通过数字化采集设备直接获得的第一手数据，是对藏品本体的直接外在感官内容尤其是视觉内容的映射，如实反映了藏品本身的外显情况。

（2）描述数字资源。描述数字资源是对藏品本体的基本信息描述，主要以文字、图像的形式描述藏品的类别、名称、年代、质地、尺寸、质量、数量和出土地等信息，是经过专家初步解读的信息，为观众提供了了解藏品基本信息的原始资料。

（3）解读数字资源。解读数字资源来源于对藏品本体及其相关内容的进一步研究和分析，是文物专家、学者相互协作的结果，进一步探明藏品的工艺水平、考古价值、历史意义和艺术成就等多方面的问题，是从一个点扩充到对一类藏品、一个事件、一个人物或一种现象的信息还原。

2. 按照资源的加工程度划分

（1）一次数字资源。一次数字资源是直接反映原始藏品内容的资源，没有经过加工、处理和修饰等环节，是保持了藏品原始面貌的资源，主要来自数字化采集设备和一些测量工具。此外，对藏品进行物理、化学检测而获得的基础数据也属于一次数字资源。

（2）二次数字资源。二次数字资源是对一次数字资源加工和处理后的结果，如原始藏品图像内容的修补，文物三维模型的修复，视频信息的转码、压缩等。这些结果往往涉及保护、研究、展示策划等多个部门。此外，二次数字资源还包括一些藏品目录、报表，研究文献资料等。

（3）多次数字资源。多次数字资源是经过两次以上处理或整合的数字资源，是为了满足特定需求而对二次数字资源进一步综合分析和加工整理，如基于藏品统计信息而生成的图表等以及年度研究报告、展览信息汇总等。

3. 按照资源的媒体形式划分

（1）文本型数字资源。文本型数字资源主要以字母、数字、符号和汉字来表示信息，所占数字资源的比例最大，是传递复杂信息最常用、最准确的方法，也是博物馆工作人员最为常用的数字资源形式。它是一种跨平台、跨系统的通用文件存储格式和交流形式，主要来源于两方面：①来源用汉字、字符和数字表示的藏品基本属性和解读信息的内容，如藏品编号、藏品等级、入藏时间、尺寸、质量、考古意义和文化价值等；②来源对各种书籍、文献、资料等文本型的文档进行扫描之后利用光学字符识别软件提取出的文本数据。

（2）图像型数字资源。图像型数字资源主要指数字化的图像资源，是对客观对象的直观表示，也是最主要的信息载体，它是对现实物体或场景的抽象浓缩和真实再现。数字图像主要来源于扫描仪、摄像机等采集设备捕捉实际的藏品，而产生的图像，或是根据测量信息通过软件制作而成的图像。数字图像按照其组织形式划分，又分为位图和矢量图。位图也称为像素图，由称作像素的单个点组成，每个像素都有一个特定的颜色信息，因此整个文件占用空间较大。位图适合表现藏品的细节信息，能很好地反映明暗变化、色彩变化，其图像效果逼真，常被用作展示性材料。矢量图是使用直线和曲线来描述的图形，这些图形的元素是一些点、线、矩形、多边形和弧线等，它们都是通过数学公式计算获得的。矢量图只能靠软件生成，与分辨率无关，占用空间较小。矢量图主要以图形化的信息表现藏品的器形、构造等，多被用于内部交流和保护、研究工作。

（3）音频型数字资源。音频型数字资源指数字化的音频资源，需要利用数字化手段对声音进行录制、存放、编辑、压缩或播放，声音涉及语音、音乐、自然声响等。数字化的音频是对听得见的模拟信号采样后的结果，采样率越高，数据的存储量越大，分辨率越高，音频在播放时的质量越好。音频的质量只与录音的质量有关，而与播放音频的设备无关。

为了使声音能够从音响设备上输出，数字信号必须重新转换为模拟信号。数字化音频和一般磁带、广播、电视中的声音在存储和播放方面有着本质的区别。从总体上来看，数字化音频具有存储方便、易传输、存储和传输的过程中没有声音失真、编辑和处理非常方便等特点。数字化音频常用于记录社会、自然界的声音信息，如海啸声、火山喷发声、昆虫的鸣叫声、轮船鸣笛等。数字化音频的文件中不仅包含主要的音频数据，而且还包含一些控制数据，如计时码和数据均衡等。

（4）视频型数字资源。视频型数字资源指以数字形式记录的视频，是对模拟视频信号进行数字转换后的产物。将模拟视频通过视频采集卡转换为数字信号，将转换后的信号采用数字压缩技术存入计算机磁盘中就成为数字视频；可直接用数字视频采集设备记录外界信息来生成数字视频。

数码摄像机就是最常用的数字视频采集设备。数字视频虽然数据量大，但方便长期存放，可以不失真地进行无数次复制。它主要以光盘和网络方式进行传播。数字视频常用于记录需要视觉和听觉共同感知的情景，如民间舞蹈、传统戏剧、曲艺、手工艺和节庆仪式等。

（5）动画型数字资源。动画型数字资源指数字动画形式的资源，突出相对时间、位置、方向和速度的变化，主要通过软件将图像"动"起来。动画分为二维动画、二维半动画和三维动画。其中，二维半动画主要通过阴影、照明和透视效果产生深度信息；三维动画才是最为逼真的动画形式，它能表现现实世界中的任何对象、现象和过程，如人物、动画、建筑、植物以及活动场景、工艺加工流程、化学反应过程等。动画制作有简有繁，通常三维动画制作需要花费大量的精力来创建各个对象模型，涉及对象的外观和表面特征等。数字动画可用于模拟史前恐龙的模样和活动状况、地震发生的过程、火箭发射过程以及分子结构等，微观和宏观世界的模拟都可实现。

4. 根据资源的存储载体划分

（1）磁介质型数字资源。磁介质型数字资源指以磁介质为载体来存储的数字资源，常见的磁介质有软盘、硬盘、磁盘阵列、移动硬盘、U盘、磁带等。由于磁介质存储器使用磁性材料的物理极化特性，使得其在相当长的时间内能保持信息不变，因此被广泛用于藏品各类信息的存储。

（2）光介质型数字资源。光介质型数字资源指以光介质为载体存储的数字资源。光介质可以以数字形式存储数据，通过激光进行数据读取。

（3）磁光介质型数字资源。磁光介质综合了磁性介质和光性介质的优势，是一种磁光盘。与磁性介质不同，磁光盘不受磁场的影响，稳定性更强；与光性介质不同，磁光盘可多次写人。由于价格低，磁光盘未被大面积使用。但由于磁光盘具有较好的安全性和稳定性，因此，一些大型博物馆和一些文化遗产研究单位仍在使用。

5. 按照资源的获取形式划分

（1）本地型数字资源。本地型数字资源主要指从对应计算机或内部局域网获取的资源，往往涉及博物馆内部相关部门的工作，如从管理藏品的计算机上获取某件藏品的记录，或者是获取馆藏的基本统计信息。此外，通过博物馆内部的局域网获得的一些开放性的藏品文字、图像、视频资料、相关研究成果和展览情况等也属于本地型数字资源。

（2）网络型数字资源。网络型数字资源主要指从外部互联网获取的资源。互联网不仅将博物馆际之间、博物馆与研究机构之间、博物馆与图书馆和档案馆之间、博物馆与学校之间等连接起来，而且也将博物馆与每位公众进行了连接，使得更多、更丰富的信息实现了交流和共享。此外，博物馆还可以通过网络获取公众参与的藏品解读和藏品拍照等内容，从而将优秀的作品和专业的学术内容纳入博物馆本地资源库。

二、博物馆的交互数字化

博物馆的交互数字化是数字化技术发展的产物，它以人机交互为代表的交互技术飞速发展，迅速地丰富了博物馆展示的方式和途径。博物馆的交互数字化极大地增强了博物馆的展示和交互能力，彻底颠覆观众的传统审美。

（一）交互技术的特征与意义

交互技术，又可称为"人机交互技术"是由"交互"的概念衍生而来的。自计算机诞生之日起，人们就开始广泛关注计算机与互联网的交互问题。广义的交互技术就是指借助一定的计算机手段来实现人与环境的交互目的。在这里，我们讨论的交互技术也与"交互性"这一概念有着对应的关系，交互技术强调用户的主动参与性，通过用户的"控制"和"选择"等可以直接影响叙事过程。交互技术的核心本质是鼓励用户参与。

1. 交互技术的特征

交互技术的发展趋势是不断向人靠拢。过去，人需要更多地适应计算机的界面要求和界面操作；而现在，交互技术正在朝着智能化、人性化的方向发展，它不仅可以主动识别出人的面部表情、手势、语言指令等自然行为，也能满足人的审美和认知需求。我们可以在交互技术构筑的数字虚拟空间里以最自然的方式与展品或物体进行互动，实现"无形又无处不在，有形又自然和谐"的普适交互模式。综合来说，交互技术具有以用户为中心、多模态交互、交互的隐匿性等特征。

（1）以用户为中心。与传统交互技术注重以计算机为中心相比，新型交互技术最大的特点就在于以用户为中心，着重强化用户的主体性和参与性。新型交互技术开发的主要出发点就是主动识别人的行为、动作、偏好、习惯等交互行为，且这些交互行为都是自然的，从而减少了人在进行交互操作时所付出的精力。

此外，新型交互技术更能满足人的沟通和审美需要。在博物馆的开发和应用中，虚拟交互技术的应用改变了实体展示给观众带来的思想束缚。在虚拟的数字展品空间中，藏品不仅可以传递本身的信息，而且还能够激发观众的审美力和想象力，观众不仅可以轻松地感受展品本身传递的信息，还可以根据藏品提供的信息，重新对展品进行解读。

（2）多模态交互。人总是通过知觉、听觉、视觉、嗅觉等感官与周围的人和环境进行沟通，一种感官对应一个通道。多模态交互是指充分利用人体的多种感官，使两种或两种以上的模态相互协作，从而满足人的交互需求。可以说，多模态交互是当今交互技术发展的主要标志之一，它使得人与物之间的交流更加畅通，提高了交互技术的自然性

（3）交互的隐匿性。现阶段的交互技术已经能够逐渐满足人们日常的行为、感知交互需要，其在发展过程中的最佳状态就是将交互操作与设备无形连接，使人们能够自如地运用相关模式，在自身所处的环境中，无意识地去获取相应的交互服务；而传统的交互技术需要用户通过计算机的各项界面输入相关命令才能继续后续的操作，或者需要用户佩戴相关设备，才能真正地进入数字化的虚拟空间。相较于这些较为被动的交互模式，全新的交

互技术能够使用户更加自然地进行交互，且不会因其他的操作而导致注意力无法集中。例如，博物馆人脸识别和跟踪等交互技术的运用，使得用户自然地观看物体时，目光落在物体上就能够识别相应的藏品；人机口语对话等交互技术，可以使用户更为自然地和自身所在空间的语言内容进行沟通。

2. 交互技术的现实意义

（1）提升了技术的艺术魅力。如今，交互技术已不再局限于计算机等传统领域，在各大艺术领域也开始大显身手，极大地影响着艺术创作者们艺术创作时的思维活动和技术操作的过程。目前，已出现了一系列新型的数字交互艺术：交互式电影、交互式戏剧、交互式小说等。在此背景下，艺术家们的设计工具变成了相关的数字应用程序，设计的内容变成了虚拟的数据等。交互技术创造出了完全不同于传统的物质载体所呈现出的展示空间，其所呈现出的场景有些甚至是现实中不存在的，却能给人"身临其境"的深度体验。另外，交互技术强调人性化和双向互动。因此，交互技术已不单单是一种技术手段，它在各大领域的应用直接重塑了人与社会、艺术与技术之间的关系，而这些关系也是值得我们去研究和探讨的内容。

（2）丰富了人的体验方式。交互技术作为一种全新的技术形式，极大地改变了人们的体验方式。近年来，已有多种展示手段被运用博物馆的藏品展示。博物馆的交互技术从最初的命令语言交互、图形交互，发展到了目前强调自然和谐的情感交互。

博物馆既可以在实体博物馆的展示空间内将实体的藏品转化为数字展品，从观众多角度地感受数字展品的魅力，同时也可以通过网络、手机等其他信息渠道使观众"零距离"地感受藏品，且不再受时间、实体藏品的限制。观众能够随时随地藏品产生交互行为，实现信息的传递。博物馆时代，可将体感交互、动作表情交互、3D 影像虚拟交互、语音交互等技术融入博物馆的建设，使观众不仅看得到，更能摸得到，还能感受到，全方位地激发观众的多重感官体验。

（二）博物馆的交互数字化应用

1. 博物馆的交互数字化叙事体验

博物馆的交互数字化叙事系统融合影像、文本、声音等叙事元素，为广大用户提供一个可以互动参与、深度沉浸的交互式空间。叙事主体是共同合作的群体，用户应积极地参与叙事作品意义和价值的重构。同时，博物馆的交互式叙事载体也越来越"移动化"和"社交化"，彻底颠覆传统的人机界面叙事载体。

（1）叙事形态、体验叙事与参与叙事。各类交互技术带来的独一无二的叙事方式最终形成了博物馆新的交互式叙事系统。该系统不再是单一地强调影像、叙事文本、声音等多种元素的综合，体验叙事和参与叙事才是当代博物馆的交互式叙事形态最为重要的组成部分。博物馆的体验叙事就是指通过对数字展品应用声、光、电等交互技术，为用户营造一个良好的虚拟现实的展示空间。这类交互式叙事一般产生于用户与其所处的环境中，可为用户提供身体接触、感官融入、情感代入等全方位的交互式叙事体验。在博物馆的交互式叙事中，提高用户的参与度和互动体验是整个博物馆进行交互式叙事的最终目的，而只关注提升沉浸感并不一定能带来参与感的提升。因此，参与叙事指的就是让用户通过部分合作或完全参与的行动来体验博物馆的叙事进程，创造高于感知的情感、经验等深层次的叙事体验。

（2）博物馆的沉浸交互式叙事系统机制与体验层级。随着交互技术的不断发展，博物馆的交互数字化发展为作为主体的人提供了无与伦比的沉浸交互式叙事体验。

人脑作为人体的思维中枢，其结构异常复杂，从接触信息到思考接收信息，大脑将高速运转，从而获得对新事物的体验。而"认知传播"的研究超越"人"对信息的识别感知，将重点放在将信息转化为知识这一过程本质的研究。建设博物馆的最终目的则是让观众获取博物馆展品的相关知识，促进博物馆文化教育和传播职能的发挥。在这样的时代背景下，我们需要了解观众的认知心理模式，以便更好地满足观众的需要。人的认知过程是从感觉到知觉再到思维层面，人的交互式叙事体验同样也要根据认知的过程渐进地加以获取。所以，每开启一个知觉就相当于开启了一个隐匿的感知空间，从而形成了人的经验。交互式叙事的体验层级包括：

第一，综合感官的体验。在博物馆的交互式叙事中，针对人体感觉器官接触信息程度的不同引发的接受效果不同，需要通过满足人的"综合感官体验"来实现人的全方位需求，从而使观众获取更为丰富的体验。基于满足人体的综合感官功能体验的博物馆在具体的设计中，应以相关的多媒体技术为支撑，比如可以通过 3D 扫描技术给观众提供丰富的视觉体验，通过使用数字语音导览机来满足观众的听觉体验，通过安装触摸屏装置增加观众的触觉体验……从而给观众带来综合的感官体验。这些感官之间也会形成多米诺骨牌效应，人一旦启用其中的某一种感官，就能引发储存在人脑中的印象，继而带动整个记忆与情感的展开。

第二，身体的延伸体验。感官体验得到满足后，便是身体的延伸体验。随着人机交互技术、虚拟现实技术等的不断演进，博物馆基于人身体的自然特征，可以轻而易举地使观众获取身体的沉浸式体验。未来的理想情况是：我们的博物馆空间是一个智慧空间，可以瞬间识别人身体的自然运动、手势等，且能够理解更为复杂的手势命令，包括缩放、旋转、移动等。在数字时代，人的身体不再受时间和空间的双重限制，我们可以借助各式人机交互界面自由出入现实空间和虚拟空间。在博物馆所营造的虚拟空间的交互式作品中，人的身体可以获得全方位的享受。

第三，情感的沉浸式体验。博物馆通过"线上+线下"两种展览模式，给观众带来了全方位的沉浸式体验。只有充分调动人的情感体验，实现人与展品之间的情感交融，才能给人带来更为深刻的交互体验。博物馆的情感体验重在通过各种感知手段使人和展品之间产生即时交互，从而达到"全身心"的情感体验和交流的目的。在具体的交互式应用中，重在使人与观众在精神层面产生交流，给人以精神层面的愉悦、震撼等感受。因此，在博物馆具体的陈设展览项目中，引发人的情感体验才是重中之重。在这样的背景下，有两个方面的情感体验值得我们关注。

2. 博物馆的交互数字化体验优化策略

对博物馆交互体验设计来说，"陌生化"是实现博物馆高质量发展，避免"千馆一面"和形式上"大而同"的有效路径。"陌生化"就是通过创造性的手段，使人摆脱惯常化的制约，重新感知事物的创作方式，在形式主义看来，"陌生化"是艺术加工的基本原则；艺术审美的过程，就是事物"陌生化"表达的过程；艺术作用的方法，就是使事物变得"陌生"的方法；艺术的本质就是打破"自动化"，恢复思维的"可感性"。

（1）博物馆交互体验"陌生化"的价值。

第一，"陌生化"的设计价值。将"陌生化"与博物馆交互体验相关联，可以解释观众的心理活动、行为特点以及博物馆自身构建的相关现象和原理。"陌生化"手法的可感性原则，使博物馆成为启发和警醒人们的场所，更使展品和观众之间形成一种新的互动关系，在创造新奇感的同时提升了文化信息的传播效率以及人们反思和批判的能力。

作品的张力离不开形式的表达。人们对一个事物的认知大多是以概念的方式来生成的，即对感知对象符号化并赋予其名称，但是固化的认知并不足以应对复杂的现代社会，以感官程序化为对象，打破思维的惯性，增加可感性，反而更能让设计的对象充满活力。

此外，除了利用"陌生化"的手法调节展品和观众之间的心理距离，还可以对观众之间的关系及身份属性进行模糊和隐藏，这也是苏联文艺理论家什克洛夫斯基强调的用不同视角来思考世界的表现，让观众以旁观者的身份可以更加客观地去认识和感受作品与空间。例如，博物馆中联机互动的角色扮演游戏，是一种网络空间的身份隐藏；安徽省博物馆中匿名的留言墙，既是一种对观众身份的模糊，也是一种对关系属性的模糊，游客可以阅读其他观众的想法，发现更多有趣的灵魂；也可以留下自己的体验痕迹，提出自己的意见。这种人与人心理距离的拉近，不仅促进了观众独立思考，同时也建立了博物馆观众与观众之间的联结，为人们思考并产生新知提供了各种不同的视角和自省的空间。

第二，"陌生化"体验的价值。"陌生化"体验拥有与众不同的真实有效的审美价值和认知价值，它可以使大家摆脱对客观事物的固化印象，根据"反常化"的艺术思维使我们回归生活的本质。"陌生化"是以某一细微视角作为切入点，见微知著、以小见大地传播博物馆相关文化，有利于完善对设计对象的了解和认识，揭露设计对象的本质。因此，以"求异"为目的的"陌生化"不仅与交互设计的创新思维有着深刻的一致性，而且可以延长审美主体凝视的时间，增加审美的愉悦感，促进对创新的吸收。

"陌生化"理论不仅是关于个体解放的美学话语，是关于社会解放的重要武器，同时也是提高博物馆交互体验与时代共振的有效方法。博物馆展览议题设置更加"社会化"，叙事方法以及话语体系更加"现代化"，都是现代语境下，博物馆"陌生化"的审美转向。"陌生化"与时俱进的发展性质，使得"陌生化"体验具有独特的"现代性"价值及社会价值。这种被分化的"现代性"审美，恰恰培养了观众多维度的审美接受、提高了观众对博物馆体验的包容度、给了"陌生化"设计更多的指导空间。

总之，陌生化手法的使用不仅能满足观众多样化的体验需求，还帮助观众发现展品背后更加深刻的文化内涵；"陌生化"审美的"现代性"，不仅是博物馆与观众交流的有力途径，也是提高博物馆与时代共振的有效办法，是其具有当代价值的关键。

（2）交互体验"陌生化"的设计方法。不断升级的观众需求，也催促着设计师寻找新的突破与创新，观众审美体验的"陌生化"，是通过一般介绍还是深化解读，是表层布点还是内在引导，故事的讲述，创意的策划都是值得考究的。从思维创意"陌生化"、行为感知"陌生化"、交互反馈"陌生化"、观众认知"陌生化"和情感体验"陌生化"五个方面，提出博物馆体验"陌生化"的设计方法。

第一，打破思维局限性，建立叙事新视角。"陌生化"要求创作者打破思维局限性，追求艺术可感性。新奇的主题、对理性和秩序的反叛，都是设计师对体验思维的"陌生化"表现。只有抛开固有的叙事套路，抓住内容的核心，用"陌生化"的思维书写内容，才能寻找到崭新的视角，挖掘文化故事背后不同的美。

第二，感官感知、交互行为、沟通交流中的注意力干预。感觉是知觉的基础，由于人脑的高级处理机制，在接受感官刺激的同时就已经开始整合，因此心理学家将这一过程视为统一的信息加工系统，称为感知。行为是人类在结合过去经验与具身经验形成的当下外在的反应，具有深厚的现象学基础，博物馆展示内容及主题、色彩搭配、灯光、声音、表现风格等，从视觉、触觉、听觉等多个角度影响着观众直观的生理体验，刺激着观众参与的热情和体验的感受。

设计师要有意识地引导观众心理意识层面的加工，可以使用各种"陌生化"的手法将设计对象从其原始观念中分离出来，通过正确引导观众的注意力，引起观众的认知偏差，使观众完成对信息"理解—不理解—理解"的再认知；此外通过陌生化的方法对社群注意力的集中干预，还可以实现了共创意义下从"我"到"我们"的内容传播。

第三，对日常生活经验的冲击与颠覆。随着互联网带来人们生活方式的改变，博物馆作为一种文化空间，承载了观众对"日常生活"的各种憧憬，所谓文化空间是一个具备物理及地理属性的独立文化场所，它包括了物质、精神以及社会生活等维度，观众会利用在博物馆里形成的新知，对日常生活展开各种各样思考和想象。"日常生活"是游客各种阅历与知识得以建构的场所，也是其在博物馆体验中凝视行为的先验基础。受观众日常经验的影响，每一位观众都有独一无二的理解和处理信息的方式，观众个人的兴趣爱好、生活经验都会影响观众认知体验的方式和途径。

"陌生化"的体验方式，就是以一种审美的方式，拉开与日常生活的距离，创造一种新的生活状态，给观众带来惊喜感和新鲜感。"体验设计"陌生化通过调整设计元素与以往经验、情感、记忆的关联性，让空间中展示的事件打破人们习惯性的接受习惯，影响人们的接受视野，以非日常生活、非系统的形式呈现出来，这种"陌生化"最明显的表现就是对基本常识的偏离，造成一种语言表达和感受上的"生疏"，通常是情节性的，而非语义性的。

第四，以内容为主导进行多元融合。在"互联网"背景下，正确的解读往往比内容的深度更加重要，只有系统、合理的解读文化才能促进博物馆体验正向发展。因此，在对对象进行陌生化处理之前，我们必须先对作品进行分析，掌握作品的关键要素和表达方法，并对作品的材料、技术、技巧、形式和功能进行详细、系统的调查，选择富有人文关怀、思想深度、能与观众感情"共振"的优质内容进行"陌生化"处理。"文化+"的"陌生化"处理方式，改变文化与观众之间的审美距离，给观众带来更丰富的文化体验。但以"文化+"的陌生化处理方式需要始终与博物馆气质相匹配。

第五，挖掘情感赋能点，塑造同理心空间。在形式主义看来，作品本身给观众带来的直接显在的惊奇感并不能作为"陌生化"成功的效果，观众自发产生的情感，才是作品产生"陌生化"效果最直观的体现。

情感体验的"陌生化"服务于体验的全过程，"陌生感"带来的意识集中以及"认知偏差"带来的知觉刺激，都对诱发观众的情感记忆联结有着积极的影响。设计师可以在观众参观体验过程中寻找情感赋能点，即"陌生感"的触发点作为情感体验的切入点，从而唤起人们内在的自然感知。

尽管受众认知惯性的形成和感性特征的减弱会逐渐减少界面视觉对实际操作的"陌生感"所产生的影响，然而设计师仍可通过持续更新、定义和引入陌生因素，以促使观众在不断的认知过程中，通过一系列短期的暂时性体验来创造出良好的长期体验，以不断积累与展品、文化、博物馆之间的情感联系。因此，在"陌生化"设计的过程中，设计师应自觉引导观众参与真实情境，将认知与情境联系起来，从而顺利进行知识的迁移。此外，正确引导知识，提供更多有价值的经验，是确保博物馆体验可持续发展的关键，基于此，设计师需要与观众换位思考，将观众"外射"的情感投影到作品中，以突出"情感记忆点"为目标，通过意象图式、形态解构重组、场景还原等方式，对博物馆叙事进行"陌生化"改造，基于逻辑、制定规则、引发行动。作品作为博物馆与观众之间情感交流的媒介，当观众重新关注作品，并在解读和理解的过程中触碰到"情感赋能点"，就会展开一系列记忆联想，从而产生相应的情感和认同。

通过对"陌生化"体验及观众认知的分析，我们知道"时间"是"陌生化"中最为关键的因素之一：①移情与共情都是一种状态，他所持续的时间与设计所带来的思考深度是成正比的；②移情的方法是在设计师设计过程中就已经设置好的，但共情是发生在观众当下的体验中的，因此移情与共情必然存在一定的差异性。

（3）博物馆交互体验设计"陌生化"优化路径。

第一，坚守内容本真性，以"陌生化"思维实现文化积累。坚持博物馆文物资源的质量和质量保证是博物馆文化传播效果的重要基准，在"陌生化"思想中，艺术只是改变了事物原有的呈现方式，从而重新激发人们对事物的感受，在泛科技、泛娱乐背景下，博物馆互动体验设计应始终对文化艺术品保持严谨、谨慎的态度，减少人们对博物馆文化的误解，以及信息的不对称传播，要想让受众有丰富的文化认知，就必须让受众有足够的时间去体验和积累，博物馆在使用多媒体设备、引进科技传播文化方面持谨慎态度。面对观众需求的不断更新和时代的要求，博物馆的设计师需要突破旧的形式和思维，发现新的问题和创新；我们可以围绕博物馆的主题探索和筛选有价值、有代表性和有表现力的文化内容，并"重新陌生化"现象或概念；强调让观众参观博物馆主要是为了了解周围的事物，有意识地丰富他们独特的感受和监控，积累文化资料，当观众文化积累到一定程度时，博物馆的文化气质才能得到充分展示，传播效果和感染力也会得到增强。

第二，以"陌生化"视角，建立观众个人化联结。博物馆是游客进入历史、感受历史、触摸文化的主要渠道。博物馆"陌生化"的叙事视角主要有三种：全知视角、有限视角和复合视角。全知全能的视角展现了博物馆的权威；有限的视角改变了博物馆叙事的声音，体验的亲切感呈现在我们面前；复合视角消除了单一视角所带来的认知局限性，能够更全面地展现文化内容，"陌生化"的叙事视角是指在线性传播中，博物馆以主观的方式改变视角，使叙事超越了观众通常的认知方式，减少了观众的观看疲劳，且不影响观众对信息的理解和判断。

第三，以"陌生化"表达，共创博物馆网络社群空间。"陌生化"在博物馆中的表达，有两个方面，一方面，是指通过身份属性的陌生化与合作，在观众熟悉的逻辑中再次调动观众的审美注意力，构建一个具有象征与隐喻符号的社区空间；另一方面是利用新的形式代替已经失去艺术性的旧形式，以此来实现作品的"奇异化，"使受众在审美愉悦中获得体验和情感的升华，最终实现价值的隐性传递，这两种"陌生化"表达具有互动性、立体化、多元化、多维度的特点，既可以是冲突的，也可以是共情的，能在一定程度上更好地唤醒众的体验热情。

数字技术利用"去陌生化"来缩短虚拟空间与观众之间的情感距离，使网络空间成为人们熟悉且愿意亲近的世界，网络空间的"存在感"为观众开辟了一条穿越时空的通道，拓展了博物馆体验的活动空间，改变了观众评价的方式。

第四，以"陌生化"联结日常经验，实现审美主体情感化表达。有了合适的内容，独特的视角也需要创新思维，才能获得更好的审美体验，在博物馆的互动体验中，"陌生化"要求设计师不断跳出自己的认知框架，具备捕捉细节和情景感知的能力，设置挑战和悬念，让观众以独特的视觉捕捉生活中擦肩而过的美，赋予平凡的事物以新鲜感，最终更新自己对旧事物的认知，实现审美主体的情感表达。

在最后的分析中，"陌生化"的思维，"陌生化"的角度和表达，是"陌生化"的"日常生活"，寻找熟悉的生活新的突破地点、打破刻板的认知和似曾相识的感觉，从理论自身的逻辑来看，"陌生化"将目的聚焦于感知力的回归，我们就可以看出，"陌生化"最终的评判者是观众，因此体验设计的"陌生化"必须从读者的艺术接受能力和接受心理机制出发。

第四节　博物馆的建筑智慧化

一、博物馆建筑智能化的意义

博物馆是现代社会中常见的公共文化活动场所，博物馆智能化是随着博物馆建筑智能化的产生和发展结合博物馆的功能、作用和要求而提出的。博物馆的空间主体是建筑，博物馆建筑智能化是实现博物馆智能化的基础和支撑。

建筑智能化系统在提供信息通信、多媒体展示、公共服务、物业管理和安全、舒适的建筑环境等方面发挥着重要作用，是实现建设绿色、低碳目标，乃是建设智慧博物馆的重要技术保障。建筑智能化系统通常也被称为智能化建筑或者建筑智能化。建筑智能化系统是利用系统集成的方法，将计算机网络技术、通信技术、控制技术与建筑功能有机地结合在一起，通过对设备的自动监控、信息资源的管理、使用者的信息服务及其与建筑工程之间的优化组合所获得的投资合理、适合信息社会需要并且具有安全、高效、舒适、便利和灵活等特点的建筑物的工程项目。

建筑智能化系统一般由信息化应用系统、智能化集成系统、信息设施系统、建筑设备管理系统、公共安全系统、机房工程等部分组成，是决定建筑物整体使用效能能否充分发挥的主要因素，涉及建筑的各个部位、各个功能系统，必须与建筑设计、施工同步进行。

从博物馆建筑的功能而言，建筑智能化系统必须要满足博物馆对展品的展示、保藏、保护的要求，要满足常规的办公、休闲、美观的要求。因此，博物馆对建筑及其内部的机电设施及其控制的需求是多方面的，如文物库房中严格的恒温恒湿、严密的安保措施；展厅中既严密又不妨碍参观的安全监控技术防范手段，既满足展品对温湿度要求、又满足观众舒适性要求的空气环境控制等。

二、博物馆建筑智能化系统

建筑智能化体系是以建筑物为平台，基于对各类智能化信息的综合应用，集架构、系统、应用、管理及优化组合于一体，具有感知、传输、记忆、推理、判断和决策的综合智慧能力，形成人、建筑、环境互为协调的整合体，为人们提供安全、高效、便利及可持续发展功能；在设计方面应增强建筑物的科技功能和提升智能化系统的技术功效，使其具有适用性、开放性、可维护性和可扩展性。博物馆建筑不同于一般公共建筑，对安全、环境、系统关联性有着极高的要求。博物馆建筑智能化设计方案的评审实践中，发现许多设计方尚未充分理解博物馆各项业务工作对信息管理系统的需求，较为盲目地套用其他公共建筑（如体育馆、图书馆、文化馆等）的设计要求，导致建筑投入运行后不好用、不适用、不能用的现象时有发生。

博物馆建筑智能化系统有别于其他机电系统的突出特点在于智能化系统所基于的各类技术处于高速发展中，与此相关联的设备及其功能变化日益繁多。如何兼顾建筑本身和博物馆的需求及技术发展，保持持续的效能发挥和技术的适度领先，同时适应项目建设的投资规划——这是在进行博物馆建筑智能化系统设计之初就面临的、也是必须解决的问题。

博物馆建筑智能化系统的设计要点如下：

（一）信息化应用系统

信息化应用系统包括公共服务、智能卡应用、物业管理、信息设施运行管理、信息安全管理、通用业务和专业业务等信息化应用系统，这一系统是建立在建筑智能化体系之上的涉及行业特有业务的应用系统。建筑智能化系统的设计者一般不会是各行业应用系统的专家，但信息化应用系统的顺利实施必须借助建筑智能化系统所提供的基础物理条件，如布线规模、信息点位设置、网络结构、数据采集方式等。因此在设计建筑智能化系统时，必须分析将来可能开展的信息化建设内容，提取其中涉及建筑智能化系统的技术、设备要求，在基础层面予以解决，才能够贴近用户实际需求，也为今后借助信息化系统充分发挥建筑智能化系统的功效打下基础。

博物馆的信息化应用系统应满足公共区域的需求，如具有多媒体信息显示、信息查询和无障碍信息查询终端等，还要设置语音导览系统，支持数字点播或自动感应播放的功能。博物馆藏品的包装囊匣/装载工具储排架、观众租用设备、可移动机电设备等可以实施电子标签布设，以实现物联网化管理。根据博物馆运营需要可建立讲解网络、博物馆网站和声讯服务系统。

博物馆中大量的信息化应用系统依靠博物馆的发展而展开，如藏品管理信息系统、库房管理系统、陈列展览信息管理系统、文物保护管理信息系统、公众服务管理系统、文创管理信息系统、票务系统、客流量检测与预警系统等，这些信息化系统伴随着博物馆的各项业务工作而存在。

作为基础设施的博物馆建筑智能化系统必须为这些信息化系统的顺利展开和应用提供可靠、安全的运行条件。博物馆的信息化应用系统的发展和更新要与时俱进，系统的建设和使用是不断完善的过程，不可追求"一步到位"，因此建筑智能化系统还必须具有简便、安全、易行的扩展性。

（二）智能化集成系统

该系统包括智能化信息集成（平台）系统与集成信息应用系统，其中包括操作系统、数据库、集成系统平台应用程序、纳入集成管理的智能化设施系统、与集成互为关联的各类信息通信接口等，而集成信息应用系统则由通用业务基础功能模块和专业业务运营功能模块等组成。

博物馆的智能化集成系统以博物馆的应用需求为依据，以建筑设备信息资源共享和协同运行为手段，具备实用、规范和高效的建筑设备监管功能，是实现绿色博物馆建筑的基础系统。这需要将建筑群内不同功能的建筑智能化子系统集成到统一的信息平台上，形成具有统一管理界面、信息汇集、资源共享、各子系统间互相联动的功能，提升整个建筑物的综合使用功能和物业管理效率，确保建筑内的相关机电设备处于高效、节能的最佳运行状态，从而实现优化综合管理的目标。目前，在智能化集成系统中常见的做法是将建筑设备管理系统、公共安全系统和信息化应用系统作为基础来进行平台化集成，形成能够统一显示运行参数、自主运行预案、调整功能操作、配置环境资源、监视运行状态的顶层平台。博物馆智能化集成系统的建设应根据其建筑规模、建筑功能、技术条件、管理方式、信息化系统、建设投资等实际情况来确定。

（三）信息设施系统

该系统融合了信息化所需的各类信息设施，并为建筑的使用者及管理者提供信息化应用的基础条件，具有对建筑内外相关的语音、数据、图像和多媒体等形式的信息予以接收、交换、传输、处理、存储、检索和显示等功能。信息设施系统主要包括信息接入系统、布线系统、移动画信室内信号覆盖系统、卫星通信系统、用户电话交换系统、无线对讲系统、信息网络系统、有线电视及卫星电视接收系统、公共广播系统、会议系统、信息导引及发布系统、时钟系统等信息设施系统。

博物馆建筑智能化信息设施系统是博物馆智能化系统建设的基础平台，应满足博物馆面向社会公众的展示、文化传播、教学研究和资料存储等信息化应用的需求。根据博物馆业务基础共性的信息化建设，博物馆建筑智能化系统信息设施系统一般涉及结构化综合布线系统、信息接入系统、电话程控交换系统、网络系统、对讲系统、无线网络信号覆盖系统、公共广播系统、会议系统、信息发布和导览系统等。

结构化布线系统是建筑中一切网络应用系统得以运行的基础物理条件，在遵循一定的网络传输协议并在相应设备的支持下，实现电话语音、数字图形/图像、数据多媒体、安全监控、设备传感等各种信息的传输。根据博物馆的建筑面积、结构和应用系统，网络系统可以有不同的结构模式。

公共广播系统是博物馆必备的基础设施，包含业务广播、背景广播和紧急广播三种，为了节约投资、便于管理、布设简洁美观等，博物馆一般设置一套广播终端扩音与主机设备，且必须按照消防、安防、业务广播这一重要性递减的顺序设置广播权限，以保证在紧急状态下，消防、安防具有第一时间进行广播通知的能力。广播站应该分设在消防/安防控制中心、观众服务中心等处，同时需要设置不同的广播分区，便于不同内容的分区广播。展览是博物馆体现社会价值的最重要因素，短期的临时展览更是吸引观众的重要手段。陈列展览中大量使用信息化多媒体手段来活跃形式、诠释内容、引导参观，而临时展览的布展形式、空间结构均无雷同，这就需要网络能够通过无线接入的方式，随时适应终端设备的变化要求。另外随着个人信息终端的普及，无线移动数据接入服务日趋重要，因此无线网络信号覆盖系统也是博物馆建筑智能化设计中不可或缺的内容之一。信息设施系统的设计与建筑、结构和机电设计关联密切，需要相关技术配合要求、协同设计、互相补充完善。

（四）建筑设备管理系统

该系统包括建筑设备监控系统、建筑能效监管系统，以及需纳入管理的其他业务设施系统，具有建筑设备运行监控信息互为关联和共享的功能。系统的监控设备范围包括冷热源、供暖通风和空气调节、给排水、供配电、照明、电梯等，并包括以自成控制体系方式纳入管理的专项设备监控系统等，采集的信息包括了温度、湿度、流量、压力、压差、液位、照度、气体浓度、电量、冷热量等建筑设备运行的基础数据。通过这些监控数据实时评价建筑设备的运行状况，调整运行工艺，从而满足对实时状况监控、管理方式、管理策略及公共安全等进行优化的要求，保障博物馆内的藏品、人员、物品处于安全、适宜的环境中。

博物馆的建筑设备管理系统通常还包括对公共区域空气中的温湿度、二氧化碳、硫化物的含量进行监测，以及舒适性空调的自动调节；对藏品熏蒸、消毒、修复等工作区域产生的有害气体进行实时监测、报警及新风自动调节；对展柜和藏品库区进行温湿度数据采集、报警及空调自动调节；藏品库房还需设置漏水报警系统。

博物馆建筑设备管理系统设计与博物馆的机电设计、建筑环境功能要求密切相关，需要了解各种机电设备运行控制与管理要求，了解建筑环境温度、湿度、照明等要求，在此基础上确定本系统的架构型式与功能设置，在设计时还需要与建筑、机电工序协同进行。

（五）公共安全系统

公共安全系统是通过综合运用信息技术、软件技术、网络技术、音视频技术、自控技术等构成防范各类灾害发生和及时响应处置的系统，包含火灾自动报警系统、安全技术防范系统和应急响应系统。该系统是建筑智能化系统的重要组成部分，涉及大量设备的监控、管理、使用和维护，关乎人身安全和财产安全，需要统一纳入智能化集成系统。

火灾自动报警系统应安全适用、运行可靠、维护便利，具有与建筑设备管理系统互联的信息通信接口，实现与安全技术防范系统的互联。安全技术防范系统应根据防护对象的防护等级、安全防范管理等要求，以建筑物自身物理防护为基础，运用电子信息技术、信息网络技术和安全防范技术等进行构建，包括安全防范综合管理（平台）和入侵报警、视频安防监控、出入口控制、电子巡查、访客对讲、停车库（场）管理系统等。

博物馆等文博单位的安全技术防范项目是高难度的项目，因为博物馆中的大部分环境是开放的，部分文物甚至"裸展"，表面没有任何物理防护措施。因此，在博物馆安全防范系统中需要严格执行"建立纵深防护体系"和"防护均衡性"的技术路线要求，即建立周界、监视区、防护区、禁区，根据不同区域、风险部位的要求，按照国家标准的规定，设置以入侵报警系统为主、视频监控和音频复核为辅、多种技术原理设备交叉应用的安全防范系统；要形成完整、封闭的、集物防、技防和人防于一体的纵深防护体系，不留盲点和短板，安防强度均衡的系统，并在保证零漏报的基础上最大限度地避免误报。

（六）机房工程

智能化系统机房是建筑智能化系统得以安全、正常、顺利发挥功能的重要保障，机房工程包括信息接入机房、有线电视前端机房、信息设施系统总配线机房、智能化总控室、信息网络机房、用户电话交换机房、消防控制室、安防监控中心、应急响应中心和智能化设备间（弱电间、电信间）等部分。各类机房应具有火灾自动报警、安全技术防范和环境控制能力。

博物馆常见的机房有安防/消防监控中心、网络中心机房、楼宇机电设备控制机房、强电/弱电间等，一般配置有环境装饰装修、机架机柜、布线系统、配电系统、不间断电源系统、空调系统、消防系统、防雷与接地系统、安防系统、动力环境监控系统、能耗管理系统、键盘和鼠标管理系统等。这些主要的机房均配备有大量 24 小时不间断运行的机电设备，并且往往需要人员不间断值守，因此，机房在建筑设计时不宜设置在展厅区域和文物库房区域。在建筑条件允许时，也要考虑投资效益和系统的复杂程度，在建筑中选择不妨碍安全技术防范实施、能降低施工难度和系统结构复杂性、便于人员进出的位置设置机房，并按照国家标准、规范，确定机房等级后进行设计。值得注意的是，博物馆中的弱电间常常成为安全遗漏点、隐患点，这类房间往往空间局促、设备拥挤，无通风降温设施，防小动物和防破坏能力弱，并常常位于易被忽略的部位，或是展厅、藏品库房等要害部位，但这些信息设备集中的弱电间都是关乎一部分乃至整体建筑空间的安全防范、信息传输可靠运行的节点。为防范事故发生，在设计时必须对这类弱电间和机房给予充分关注，确保博物馆不会因这一类的薄弱环节引发安全事故。同时，要引领设计参考的方向，在系统中预留可扩展功能的余地。

第四章　文物保护的方法与管理

第一节　文物保护理念共识

一、文物价值的认知评判因素

从文物价值客体的角度来说，文物通过自身具有的功能和属性来满足主体的价值需求。文物价值是文物保护理念的核心问题，关系着文物有无保护的必要以及人们采取何种方式进行保护、保护到何种程度、达到何种保护效果等，是分析文物保护理念争议的关键性因素。文物价值的认知评判因素包括以下内容：

（一）文物信息的影响

文物在制作、使用、埋藏、收藏过程中形成了较为丰富的信息，这些信息揭示了文物制作材料、制作工艺、埋藏环境、病害机理等重要文物生命特征的信息，称之为"文物信息"，文物信息是主观层面对于文物实体存在的客观现象的认知和解读。文物信息与文物价值联系紧密，文物信息是构建文物价值的基本载体，而文物价值则是对文物信息的深层表达。文物信息具有主观属性，古物之所以成为文物在于人们对其包含的历史、艺术等信息产生了新的主观认识，这种对历史信息的珍重也促使文物实现了价值层面的转变。人们从中获取文物信息的多少依赖于自身的人文自然学科知识掌握情况以及文物保护经验的积累程度，这种认知局限性致使对文物信息理解和文物价值判断存在着偏差。同时，我们也应意识到，认识的发展是一个螺旋式上升的过程，科技手段的进步使得我们拥有探知文物更多潜在信息的可能性，而随着时代的发展，对于文物信息的新发现、新认识也推动文物价值观念的更新与完善。

文物在与外界复杂环境的长期互动之中文物信息难免缺失，当文物在光照、温湿度、酸性气体等因素的影响下，文物实体所处的平衡状态被打破，文物龟裂、脱落、变色等病害相继发生，致使文物出现了原有信息留存不完整、现存信息来源复杂的特征。因而，文物信息的完整度以及真实度决定了文物价值的高低，文物价值也随着信息的叠加而不断地深化，不同时期文物价值便具有了不同的评判标准。

（二）历史观念的影响

在国内外文物保护发展历程中，历史意识决定着人们对过去的遗迹遗物的重程度，也是现代文物保护运动的直接推动因素，不同时期历史观念的不同看法也引发了对文物历史价值以及历史真实性的讨论。从历史观念的认知角度激发了人们对古物研究和收藏的兴趣。

（三）哲理思想的影响

随着哲学家们对世界万物的思考进一步深入，时空观、本体论、可知论与不可知论等哲学认知逐渐完善，对文物的价值评判具备了时空维度，这使得文物区别于普通实物而被赋予了哲学层面的意义。文物既是主客观相结合的产物，又是人类历史实践的产物，同时，文物作为过去时空的产物，其诞生之初的状态是不可知的，这种不确定性使得哲学观念的影响更为显著，哲学观念直接影响着人们对文物的保护态度。

（四）审美取向的影响

文物既是漫长历史的见证，更是体现着各个时代对于美的理解的艺术品，社会大众对于文物的品鉴往往先从视觉感受开始的。文物的艺术风格、制作技艺等美学价值的评判与审美取向直接相关，而在保护工作中审美观念也影响着文物保护理念的发展，人们对于美学的理解成为制定文物保护原则的重要依据。

文艺复兴时期人们对待文物古迹的态度发生了转变，开始意识到古代遗迹的艺术价值。价值取向凸显了历史建筑文物的历史价值与美学价值，人们对于历史建筑上的岁月痕迹更为尊重，也衍生出了希望维持残损状态、顺应建筑自然发展状态的"反修复"理论。

二、文物保护理念共识的形成机制构建

（一）文物保护理念共识的形成机制

1. 文物价值层面的共同立场

文物保护理念的发展过程是基于文物价值这一核心要素而不断重构的过程，在社会历史和实践的发展进程中，文物价值主客体及其关系受到历史观念、哲理思想、审美取向等意识形态因素的影响而发生变化，人们对文物价值的判定也经常发生变化，这种价值层面冲突致使文物保护理念争议的产生。同样地，20世纪以来文物保护共识性理念的形成亦

是保护主体从价值层面达成统一的结果，具体反映在两个方面：一是从价值绝对主义到价值相对主义；一是从价值单一性到价值多元性。

（1）从价值绝对主义到价值相对主义。"价值绝对主义"与"价值相对主义"是在面对多元价值时两种不同倾向性态度。"价值绝对主义"指在多元价值体系中过于突出某一单一价值而表现出来的过度强化、绝对化的倾向，这种强调异质性的价值取向带来的结果便是对其他价值的排斥性、无法共存性。无论是对史学价值的偏爱还是对美学价值的推崇，这种在文物复杂多元价值体系中以某一价值为单一评判标准都陷入了价值绝对主义的极端。

人们对于文物的价值认定和分类愈加丰富和完善，从最初的美学价值、史学价值扩展为文化价值、科学价值、社会价值、考古价值等。而在保护工作中如何对文物价值进行评判也发生了从价值绝对主义向价值相对主义的转变，现如今不再以某一文物价值作为固定评判标准，而是综合文物诸多层面的价值对文物进行全面的分析，将文物置于多元开放的文物价值体系之中，才能使文物价值最大程度地保留和传承。

（2）从价值一元论到价值多元论。"价值一元论"与"价值多元论"是两种相对立的价值哲学，"价值一元论"主张在多重价值困境中必定有某一正确答案来引领人们的价值理想追求，从而达到和谐与统一。

随着文化遗产保护活动在全球范围内的深入，不同文化体系之间的价值冲突显现出来，进而引发了对于东西方文物保护理念的讨论，在国际交流之中人们逐渐认识到属于不同文化环境的文物价值判断难免存在着差异，无法对所有文物保护行为实施统一要求，因而基于尊重各国文化多样性的共识之上对文物价值进行评判才是合情合理的，实现了从文物价值单一性向文物价值多样性的共识性转变。

2. 话语主体层面的共同推动

文物保护理念共识的形成源于世界范围内价值层面的普适性认知，而这种价值层面的共识更是离不开多方话语主体的推动作用。"话语主体"指的是以口语、文字等形式表达特定条件下的文化观念、意识形态的主体对象。而在文物保护理论构建中，话语主体在宣传文物保护意识、表达文物价值观念、引导群体保护行为等方面也发挥着重要的作用，促进文物保护理念争议找到了妥善的解决办法。

（1）国际权威话语主体的推动。在文物保护理念发展过程中，联合国教科文组织、国际文物保护与修复研究中心及国际古迹遗址理事会等国际权威保护组织是推动形成文物保护理念共识的重要话语主体。在国际权威话语主体的推动下，这一文物价值观念成为国际性共识，影响国际社会对于文物价值的评判，同时也推动文物保护领域内更加深入的国际性合作与交流的展开。

（2）展开国际合作交流。随着文物保护受到更多的关注，国际文物保护机构间合作与交流日益增多，国际权威话语主体作为主导力量邀请各国权威专家，举办国际会议共同商讨文物保护理论与实践中存在的问题和未来的发展方向。在国际权威文物保护机构的推动下，国际文物保护培训和教育活动也相继展开。

（3）社会公众参与意识的提升。除国家、政府、国际保护机构等权威话语主体的主导作用之外，社会团体、公众的自发参与对文物保护事业的发展、保护理念的深化同样具有重要推动作用。社会公众在文物保护中的参与，即社会团体、民众在形成了文物保护意识后，主动参与文物保护理论与实践活动的行为。

在文物保护风潮兴起之初，文物保护的主体多为精英社会中贵族和赫赫有名的艺术大家，文物保护理念的话语权也为少数人所掌握。然而，文物是祖先留给我们的文化财富，保护文物也是当代每个公民应尽的责任，随着文物保护意识的普及和推广，文物保护观念逐渐范围更广，应充分发挥民众在保护工作中的参与性和积极性，推动民众自觉保护文物蔚然成风。近几个世纪，随着民主化程度的提高，社会公众参与文物保护工作的规模和深度逐渐扩大，文物也从"精英遗产"转向"平民遗产"，诸如乡土建筑、传统民居等贴近社会民众生活的文化遗产也不断被纳入保护系统之中。

总之，形成文物保护理念共识的关键在于：①需站在共同的价值立场之上，以价值相对性和价值多元性为衡量原则，形成对文物价值的普遍性共识；②国际权威性文物保护机构组织作为主导者、社会组织和民众作为文物保护运动和浪潮的参与者和监督者，在文物保护理念共识性成果的凝结中同样扮演着不可或缺的角色。

（二）文物保护理念共识形成的推动路径

文物保护理念共识是在多种因素影响下综合形成的，本文在此将共识影响因素归纳为共同的价值需求、平等的话语权利、广泛有效的参与三个层面，其中共同利益需求是达成共识的必要连接点，而广泛参与、平等对话则是共识形成的重要保障。下文以此为依据，对文物保护理念共识的形成路径展开讨论。

1. 以多元视角构建主体平等参与机制

将主体话语权置于共识语境中可以发现，话语权是影响共识形成全过程的重要变量：①参与主体的话语权权重直接决定是否能够达成共识；②参与主体的话语权失衡意味着部分主体失声，难以在共识的形成过程中发挥实质性作用，致使所形成的共识缺乏普适性和有效性，进而最终影响共识的结果和后续执行过程。对此，以多元视角构建主体平等参与机制对于共识的形成具有重要意义。

多元视角，包括参与主体多元和价值观念多元两层涵义：①构建主体平等的参与机制需要国际权威性文物保护组织和国家发挥带头作用，与话语权相对弱势的部分发展中国家建立持续稳定的合作关系网，通过在当地定期举办国际性文物保护理念研讨会、参观调研当地的文物保护工程、邀请发展中国家代表参与重要会议、提供文物保护专业人才培训等方式，实现不同地域、不同国家间良性互动模式。②主体平等参与机制的前提是需适应当下多元文物价值观念，文化遗产保护由以国家为主体逐渐成为全人类共同的责任。因而，通过国际权威性文物保护主体的带动，不断地推广、深化全世界范围内的文物价值观念不失为增强文物保护共同体意识，促进国际社会主体平等参与的有效途径。

2. 在政府主导框架下推动社会力量广泛参与

文物保护理念共识的形成既需要国际权威性话语主体有效的顶层设计，也需号召社会力量积极参与文物保护公共事业中来，发挥社会主体的参与和监督作用。从以上两个社会主体层面构建文物保护理念共识的形成路径：

（1）鼓励文物保护社会组织参与本国或本地区范围内的文物保护工作，完善与政府和社会民众的互动反馈机制。文物保护社会组织由专业和非专业成员组成，代表着广大民众的公共意愿，其工作动态也在一定程度上反映了社会民众对文物保护观念认知情况，是政府制定文物保护共识性政策的重要信息情报。同时，文物保护社会组织也是在社会范围内宣传、普及文物保护共识性理念的主力军，更是文物保护工作的监督者，使得在社会组织的参与下文物保护理念共识形成良性闭环。

（2）通过举办文化活动普及社会民众文物保护意识，调动社会公众参与文物保护事业的积极性，充分发挥民众在文物保护理念成果共识凝聚中的表达权。此外，为了充分保障公民的参与和监督权，政府应广泛听取文化遗产地周围居民的意见，并主动公开文物保护信息，例如主动公示文物保护项目验收信息、征集民众对于文物保护政策法规的意见，必要时举办新闻发布会回应当下有关文物保护的争议性热点问题，使得文物保护理念真正成为普通民众的共识性认知。

三、文物保护理念的中国话语权建立

我国作为世界遗产大国，应该逐步构建我国文化遗产话语权：既要充分挖掘我国文物历史文化资源，借助国际平台讲好中国故事，又要抓住机会进行国际合作与治理，在世界遗产体系中彰显中国力量。

（一）我国文化保护话语体系建立

努力发掘我国文物的价值，将"中国故事"完整立体地呈现于众，进而增强民族文化的国际认同感和我国文化软实力。我国文物是我国漫长历史发展中精神文化的沉淀，也是中华民族文化符号的象征物和传承物，我国传统文化观念认为人与自然是相互依存、和谐共生的关系。我们应立足于富有特色的文化遗产保护理念来阐释我国文化遗产话语体系，并借助现有世界文化遗产平台输出我国文化价值观念，进而将我国文物价值观念的独特优势转化为推动世界文化遗产体系的助力因素。

（二）参与文化遗产国际合作与治理

积极主动参与国际文化遗产的合作与治理工作，不仅能够促进世界文明的交流，也能够增强我国文化遗产保护工作的影响力。我国在主动融入国际文化遗产体系的过程中，通过推动国际文物保护合作深入开展，向世界展现了我国文物保护技术的水平与成果。我国应进一步参与文物保护国际行动，以专业和负责的态度拓展合作范围、提升国际合作质量，在世界文化遗产体系中发挥更大的影响力。

此外，为了改善我国人才在联合国教科文组织、国际博物馆协会等国际世界文化遗产机构和组织中参与比例较低，尤其是缺少高层管理人才的情况，应重视国际组织人才的培养，完善人才引荐、资金支持等配套机制，鼓励支持更多优秀人才参与世界遗产国际事务的治理工作，使我国实现从规则的遵循者到规则的制定者的转变。

（三）加强文物保护理念的推广

在文物保护实践工作中，亟待在全社会范围内加强文物保护理念的推广，纠正文物保护理念的错误观念，进而形成文物保护理念的社会性共识。

第一，通过完善专业性教育和培训，帮助修复人员和管理人员树立正确的文物保护观念。对在职修复人员定期进行专业技能培训，如举办文物保护理念专题讲座等，并健全职业资格动态考评制度，将文物保护理念作为一项重要的学习内容，促使一线修复人员不断更新保护理念，与国际主流保护理念相接轨。此外，在文物保护高等教育中增设文物保护理念课程，出版文物保护理念专业性教材，完善学科教学体系，提高专业人才对文物保护理念的重视程度，以便推动共识性保护理念的应用。

第二，加强文物保护理念常识性教育，鼓励更多社会力量参与到文物保护工作中来。长期以来，文物保护面临着重学术性研究、轻公众性传播的问题。当下社会民众保护意识普遍不强，对于文物保护理念的理解因人而异，这种信息的不对称性使得公众无法有效发挥参与和监督文物保护事业的权利。常识性教育的目的在于使文物保意识和观念深入人心，利用电视节目、网络等媒体推出专题性文化遗产保护节目，借助三星堆发掘等社会热点事件提升文物保护热点事件关注度，通过召开发布会、修复现场直播等方式为社会公众搭建了解和认同文物保护理念的桥梁。

此外，建立文物管理部门与社会民众有效的沟通机制，定期举办研讨会、开设文物保护工作意见箱，并针对争议性保护理念予以澄清，向公众传递正确的文物价值观和保护理念。

第二节　文物保护的意义与原则

一、文物保护的意义

（一）传承与弘扬中华传统文化

中国传统文化的发展历史悠久，传承与弘扬中国优秀文化是促进中华民族伟大复兴的核心工作，通过保护文物，扩大中华优秀传统文化的影响范围，充分展示各民族的特色，提高人们的综合素质，增强民族凝聚力，促进各民族、各个国家之间的积极交流，使中国优秀文化能够在世界各地传播。

（二）全面提升经济水平

文物保护工作的开展与实施，可全面提高我国整体经济水平。

第一，文物具有一定代表性，不同的文物展示着不同历史时期的发展情况，是历史文化与现代科技文化创新结合的重要前提，具有较强的科学价值。对于文物的保护，无论实施什么措施目，保护的核心目标是一致的，都是为了继承和弘扬传统文化，扩大文物保护工作的影响范围，使各领域都积极参与到文物保护工作中，以此为基础，为提升我国经济水平奠定良好基础。

第二，从文物保护工作重要性角度分析，文物是人们进行历史研究的重要资料，以一种特殊的方式记载历史各阶段的发展情况。通过对不同时期文物特征、性质等进行分析，可有效推断各历史时期的经济发展状况，为现代科技文化的发展与创新提供有利条件。

第三，对文物的保护与传统文化的传承，无论是对现代化科学领域的发展，还是对文化领域、艺术领域的发展，都会产生重大影响。通过对文物的保护，注重传统资源的管理，也为旅游业的发展提供重要资源，对文化产业产生积极影响，从而全面提升我国经济水平。

（三）提高人们自我意识和综合素质

继承传统文化，保护传统文物，可以充分展现中华民族的凝聚力、创造力等。有关部门和人员加强文物保护工作，加大宣传力度，扩大文物保护工作的影响范围，使广大人民群众对文物保护、文化传承等方面有更多的了解，不断增强人民群众的自我意识和综合素质，在日常生活中可通过各种渠道不断了解和学习文物知识，提高人民群众艺术鉴赏能力，丰富人们的日常生活。除此之外，通过对历史文物的保护，对相关工作人员提出更高的要求，要求其明确自身的工作内容与职责，发挥自身的优势与作用，从而促进了文物保护工作质量的提高。

（四）促进各国文化交流

文物保护工作的内容较多，并且要根据文物的不同时期、性质、意义等，对其进行合理保护，突出其文化价值、历史价值和研究价值等。与此同时，通过对文物的保护，便于其他国家对中国历史文化的了解，使中国的传统文化走向世界，为现代社会的可持续发展奠定良好的基础。特别是在西方文化的冲击和影响下，更需要加强文物的保护工作，使世界各国都能对"中国文物"感兴趣，促进各国的交流，维护各国间的友好关系。

二、文物保护的原则

（一）可辨识原则

可辨识原则，指文物在修复过程中，添加的残破或缺失部分要与文物原有部分在整体外观上保持和谐统一，但又要和原有部分有所区分。应做到既可以让观者从外观上辨别"真"与"假"，又不会出现以"假"乱"真"的现象。

我国的文物修复工作通常要求修复后的文物整体应呈现出浑然一体的效果。以书画修复为例，修复师对残缺部分的全色、接笔都是力求与整体画面呈和谐统一状；以青铜器修复为例，国内修复专家主要采取"内外有别"的可识别修复方法。做色时，将文物对外展示的一面做到与周边的颜色浑然一体；而观众不易观察到的内侧部位通常不做色，有时也会大体做上颜色，但仔细观察之下，仍可以区别出补配的部分。综上所述，可辨识原则就是指修复过的部分与文物本体应有所区别，远观不会感到整体的不协调，近观则应能辨别出修复痕迹，而不需借助其他高科技手段来识别。

（二）可再处理原则

可再处理原则，又称可持续性保护原则，取代了可逆性原则。众所周知，文物的科技保护是一个技术实施过程,其中包括在文物上施加新材料,如在壁画上喷涂保护剂、在石刻上喷涂防风化材料、有机质文物的防霉防虫处理、饱水漆木器的脱水加固等,或者改变文物的现有保存环境。因此,有必要澄清文物保护中涉及的可逆性问题,否则教条也套用可逆性原则,势必会否定所有的先进方法,无法对文物进行保护。

(三) 最小原则

1. 最小损伤原则

保护性损伤,如在加热、酸碱、冷冻等条件下处理文物时,会引起文物自身的化学和物理(应力、外型收缩等)变化,有些变化并不是立刻就能观察到的,必须经过一段时间后方能显现。

保护处理本身可能会对文物产生损伤,如在复杂的拼接修复过程中,难免会对文物造成二次损坏,且操作极大程度依赖于专业技术人员的个人经验;在对纸质文物进行熏蒸或冷冻杀虫时,纸质文物在受热或冷冻的情况下,都有可能遭到损坏;在对文物进行表面封护与加固时,封护或加固材料渗入文物的孔隙中,也可能会对文物造成损伤。当遇到这些情况时,必须通过严格的科学实验来评估损伤的程度,尽量控制条件,使危害降至最低。

2. 最小干预原则

"'最小干预原则'作为一项基本的文物保护原则,其形成与发展伴随艺术和哲学思想的发展,经历了漫长的循序渐进过程。"[1] 保护与修复古迹的目的旨在把它们既作为历史的见证者,又作为艺术品予以保护,其所规定的古代建筑的保护与修复指导原则被概述为"最小干预原则",成为日后有关国际文件和规则共同遵循的原则。

对文物的干预主要包括以下两方面:①保护和考古发掘所带来的材料干预、信息干预、性能干预均为人为的主动干预;②环境条件的变化所带来的干预则是被动干预。

预防性保护的核心技术内涵,即是对馆藏文物保存环境实施有效的监测和控制,抑制各种环境因素对文物的危害作用,努力使文物处于一个稳定、洁净的安全生存环境,尽可能阻止或延缓文物的物理和化学性质改变乃至最终劣化,达到长久保护和保存馆藏文物的目的。其中,博物馆环境的稳定性主要是指温度、湿度的平稳性,不可出现较大幅度的波动。关于博物馆环境的洁净概念,除了涉及有关污染气体极限浓度控制指标外,尚未有系统的论述。而博物馆环境的洁净程度则依赖于现代的环境和污染控制技术所达到的水平。

文物在保护处理过程中,难免会被带入新的物质,如表面封护剂、缓蚀剂等。若未留

---

① 龚德才,于晨,龚钰轩. 论最小干预原则的发展历程及内涵——兼议其在中国的应用与发展[J]. 东南文化,2020,(05):6.

下完整的保护记录，后人在研究时可能会误认为这些物质是文物本身所含有的。为避免影响或混淆后人对文物的研究，导致得出错误的考证结果，在文物上施加任何新的保护材料时，如果新材料与文物组成材料的反应产物不明确，那么该保护材料应不予使用。而各种保护处理方法也有可能会对文物造成保护性破坏，包括二次污染保护性破坏，如在对破碎的青铜器和陶瓷器做拼接修复时，通常无法将残片严丝合缝地拼接成一个整体，当拼接到最后一块时，由于空缺处小于其原始尺寸，需要对残片进行打磨；在对纸质文物或纺织品文物进行清洗时，常会残留水渍、清洗剂等，从而造成二次污染，对文物的不当清洗，还易造成文物的褪、变色，特别是金粉等装饰物的脱落；而对石质文物进行渗透加固时，由于化学加固剂很难全部渗透进石材的孔隙中，随着环境条件的变化，保护剂渗透到的和未渗透到的部分就可能产生应力差异，反复作用的应力就会导致两部分分离。

（四）耐久性原则

以实验室材料老化实验数据为基础，在将多种保护技术应用到文物上时，选择耐老化时间长的材料的方法，就是所谓的耐久性原则。文物的保存是一个长期的过程，不可能对同一件器物进行经常性的保护处理，这就要求在文物保护工作中所选用的材料要具有良好的耐久性，在外界因素的影响下，该材料能延缓文物所遭受的破坏，从而延长其保存寿命。现代文物保护研究中，对文物保护材料的耐老化性能测试经常采用工业领域内的材料性能检验检测标准，而文物保护材料与现代工业使用材料的使用目的及对性能的要求存在较大差异，因此，采用现代工业材料的检测标准对文物保护材料进行评估是有缺陷的。

（五）"留白"原则

"留白"又称"留缺"，通常是针对古陶瓷整体复原修复来说的，是指在古陶瓷缺失的部位，不采用原材料、原工艺和原形态去修复，而是选用其他适宜的材料补填，以留出短缺的部位，并能明显地表现出缺失的痕迹。如古陶瓷与其他器物不同，其毁坏的形式通常只有破碎和缺失，而无腐烂和变质现象。在修复时，若能明显地表现缺失部位，又不妨碍其外观的完整性，则完全可以不用复原缺失的部位。在考虑是否"留白"时，还要从博物馆的实际需求出发，若该器物主要用于供观众欣赏，仅要求具备一个完整的形象，并不需要发挥其实际用途，那么，一个真实的整体形象胜过经修复补缺后的形象。而在对古陶瓷进行修复补缺时，很难真正做到补缺后的部位与其他部位保持完全一致，这不仅涉及原材料的配制，还涉及烧制的工艺，即便是同一个窑炉烧制出的同一类器物也不会完全相同。因此，"留白"反而更能体现出古陶瓷的原真性。

（六）斑点试验原则

斑点试验，又称点滴试验，是测定矿物化学成分的一种方法。将少许矿物粉末制成溶液，再将溶液滴在滤纸或瓷板上，加入化学试剂，观察反应后的产物颜色，以确定某种元素是否存在。斑点试验由于操作简便，反应迅速，对某些元素灵敏度较高，在鉴定工作中经常被使用。而文物保护的过程中，在大面积开展保护工作之前，也应依照斑点试验的原理，确保方法可行之后，再行实施。以彩陶加固为例，在加固前应进行斑点试验，检验加固剂的指标是否符合要求；在加固过程中如果出现加固强度不够致使彩绘脱落的情况，应及时调整加固剂浓度；加固后，若出现表面成膜的现象，应用水或酒精等溶液擦拭彩陶表面，观察眩光是否消失，尽可能地保证在损伤最小的前提下，恢复文物原貌。

第三节　文物保护的基本方法

文物保护是一项复杂而综合性的任务，旨在保护和传承文化遗产的重要性和独特性。为了有效地保护文物，需要采取一系列科学和可持续的方法。以下是一些常见的文物保护方法：

第一，文物调查和记录。文物调查是文物保护的起点，通过对文物的系统调查和记录，了解其类型、数量、分布、状况和价值等信息。这有助于制定保护计划、优先级和资源分配，并为后续的保护工作提供基础数据。

第二，物理保护。物理保护是文物保护的核心内容，包括保护环境、防止破坏和损坏等方面。其中包括以下措施：①控制环境条件。维持适宜的温度、湿度、光照和空气质量等环境条件，以减缓文物的自然老化和腐蚀过程。这可以通过恒温恒湿系统、紫外线过滤器、空气净化设备等来实现。②灾害防护。采取措施预防和应对自然灾害（如地震、火灾、洪水等）和人为事故对文物的破坏。这包括建立防灾预案、设立灾害报警系统、采用防火、防水等设施，并进行定期维护和演练。③环境监测。定期监测文物所在环境的温度、湿度、光照、振动等因素，及时发现异常情况并采取相应的调整和控制措施。④安全措施。采取安全措施，如安装监控系统、加强安全巡查、设置安全防护设施等，以防止文物被盗、损坏或遭受其他形式的破坏。

第三，清洁与维护。文物的定期清洁和维护是保持其外观和物理状况的重要手段。然而，在进行清洁和维护时，必须谨慎行事，使用适当的方法和材料，以避免对文物造成进一步的损害。

第四，修复与保护处理。对已受损或老化的文物进行修复和保护处理是文物保护的关键环节。修复工作需要由专业的修复人员进行，依据文物的类型、材料和破损程度采取适当的修复方法，如填补、拼合、固定、修复涂层等。

第五，存储和展示。妥善的存储和展示是确保文物长期保存和传承的重要手段。文物应该储存于环境控制良好、安全、恰当的设施中，采用适当的包装和支撑材料。在展示方面，应根据文物的特点和保护需求，设计合适的展览陈列和展示方式，避免过度暴露和风险。

第六，文物鉴赏与教育。文物的鉴赏和教育是提高公众对文物保护意识和重视的重要途径。通过举办展览、讲座、培训和教育活动，向公众传递文物的价值、历史背景和保护知识，培养公众对文物保护的理解和尊重。

第七，国际合作与交流。文物保护是一个全球性的任务，各国之间的合作与交流对于保护全球文化遗产具有重要意义。通过共享经验、技术合作和资源支持，加强跨国界的文物保护工作，推动文物保护的发展和创新。

以上所列的方法仅是文物保护中的一部分，根据具体情况和文物的特点，可能会采取其他特殊的保护措施。重要的是综合考虑文物的保护需求和实际条件，制定科学合理的保护策略，确保文物能够得到有效的保护和传承。

第四节　博物馆文物保护高质量管理

当前，我国现代博物馆文物保护管理的任务是，在保证文物安全、完好且真实的基础上，采取能够规避文物损坏且具有多种形式的管控手段、行动等。文物保护管理需要保证博物馆温湿度、光照、通风等条件符合要求，隔绝细菌、害虫等，以此延缓文物蜕变速度。当前，主要采用预防式与抢救式保护管理方法。

一、博物馆文物保护管理的必要性

第一，文物具有特殊价值。文物是在漫长历史长河中留存下来的历史文化遗产，非常宝贵，具有无可比拟的历史性、艺术性，研究价值非常高。文物价值兼具主观与客观性，承载着推动教育发展、社会进步等任务，为我国科学研究提供长期、持续的素材，帮助人们了解历史、见证光辉灿烂的时代风采。当前，我国社会发展速度加快，科技手段愈发先进，加快了文物挖掘速度与质量。博物馆承担着保护与管理"被修复文物"的重要使命，应强化保护管理意识，保留中华优秀文化。

第二，在现代化城市中，博物馆是文化基础设施之一，代表着城市形象，影响着城市经济与教育事业发展，甚至还与城市居民生活、城市发展息息相关。博物馆保护与管理的文物，包含着城市发展历史、文化特色等，是不可忽视的城市文化符号。博物馆的文物保护与管理情况、科技手段等，代表着一座城市对历史文化传承的重视程度，也象征着城市文化灵魂。

二、博物馆文物管理中文物保护的意义

第一，有助于实现中华民族文化的传承与发展。每件文物都凝结了古代劳动人民的智慧，是我国不同历史时期文化特点的重要体现，因此对文物进行管理与保护工作，最基本的意义就是实现中华民族文化的传承与发展。不同历史时期的不同文物具有不同的特点，所以有助于科研人员从不同角度对我国不同时期的文化和文明进行研究与分析。每件文物不仅拥有独特的文化内涵和历史情感，而且其中所存在的文化感染力影响着现代人。我国古代的民族精神和文化精神内核都在文物上得到了凝结与体现，人们通过参观与研究文物，也可以感受到我国民族精神和文化的特殊魅力。所以，博物馆必须积极开展文物管理与保护工作，实现对我国传统历史的保护与传承，促使我国优秀民族文化艺术以及极具意义的民族精神得以永久流传下去。

第二，无论是博物馆秘密保存的文物还是对外展示出来的文物，其背后都是我国悠久的历史发展与文化内核，同时体现着我国人民群众的精神与智慧。博物馆通过对文物进行管理与保护，能很好地启发现代人民，使其认识到文物中存在的历史价值与精神价值。对于现代社会生活尤其是对人们的文化精神生活来说，文物占据着非常重要的地位，又因为文物并不是一种可再生资源，每件文物都是独一无二的，所以从历史文化传承度来分析，文物的地位是非常特殊的。由此也可以看出，文物保护与管理工作是全社会共同的责任，而博物馆必须担负起这一使命，使文物发挥其教育作用，通过其中所蕴含的民族历史精神激发出人们的爱国情怀，实现民族精神的凝聚。

第三，博物馆对文物进行管理与保护，有助于帮助现代人民更加了解历史。博物馆的主要职能是对历史文物进行展示、收集、收藏、管理与保护以及深入研究，将文物保存在博物馆内，能在一定程度上降低文物被损害概率，同时博物馆提供的条件也有助于增强文物的展示效果。博物馆会根据文物的特点进行有关知识标志牌的设置，其中主要包含文物的历史背景、发展过程、存在年代以及具体用途等，而参观者通过这些标志牌上的内容，也了解文物的基础知识，进而感悟我国古代劳动人民的民族精神，加深对自强不息和勤劳勇敢等精神内核的认识与了解。所以，博物馆所承担的文物保护使命有助于发挥文物的历史教育作用，推动爱国主义精神的弘扬。

第四，我国拥有悠久的发展历史，而在这一漫长的岁月中，许多发展内容以不同的形式流传下来，其中就包含不同王朝和不同少数民族遗留下来的历史文物。将文物陈列在博物馆进行展览，不仅仅是其中承载着过去历史与文化精神内核，也有助于有关历史研究人员对我国过去历史进行更好的研究。在过去文物并没有得到发掘与保护以前，我国历史研究人员在研究有关文化时，能借鉴的资料很少，有时也会感到无从下手。但是当文物管理与保护工作逐渐完善后，历史研究人员拥有更多的途径和方法对过去社会的政治、经济、社会和文化等有了更深层次的了解，揭开了我国历史发展的神秘面纱。

三、博物馆文物保护的高质量管理措施

当前高质量发展已成为经济、社会、文化和生态等各个领域的主题，成为各行业制定政策制度、发展规划等的根本要求。在高质量发展语境下，博物馆事业面临着历史最好的发展机遇，博物馆的高质量发展对满足人民群众精神需求和增强社会公众的精神力量具有重要的现实意义。"高质量发展背景下，社会化运营的优势力量陆续得到凸显，众多博物馆的多元化投入机制得到积极构建，社会影响力不断实现新的超越。"[1]

（一）加大资金投入，加强制度保障

城市化建设过程中，应加大在博物馆高质量建设等方面的资金投入，既能推动城市文化发展，也能有效落实各项文化政策。同时，博物馆也应提高在文物保护与管理等方面的资金比例，提高保管技术水平。

同时，也要加强制度保障。要根据博物馆运行现状与文物保管问题等，针对性制定保管制度，推动各项工作有序进行。当前，部分博物馆的管理保障机制未上升到体系化层次，缺乏机制支撑、标准规范，会埋下安全漏洞。应立足于博物馆管理全局，将文物搜集、保管与陈列等纳入制度体系中，将文物保管制度置于核心地位上，提高制度执行水平。

（二）加大博物馆基础性工作的开展力度

第一，博物馆必须搭建健全完善的文物管理制度体系，并进一步提高管理强度。要想进一步提升文物管理与保护工作质量和有效性，博物馆高质量发展，要做到的就是健全与完善管理制度体系，为具体文物管理与保护工作的开展提供前提保障，全面推动文物管理

①蔡欢欢．基于高质量发展背景下博物馆影响力研究——以珠海博物馆为例［J］．文物鉴定与鉴赏，2022，（11）：116.

与保护工作的有序开展。具体来说，博物馆需要建立起文物档案，并且要将具体信息上报给有关部门，这样能避免出现信息错误或档案丢失的情况；同时，有关文物管理与保护负责人员需要根据博物馆实际工作开展情况，明确各个岗位需要承担的具体职责，并严格落实规章制度，有效避免文物受到外界因素的影响。

第二，加强基础设施建设。博物馆管理人员需要通过一系列基础设施建设的加强措施，降低外界因素可能会对文物管理与保护工作带来的影响。需要进一步提升博物馆基础设施与建筑的建设质量标准，这也是必须考虑的安全因素之一，只有这样，才能进一步提升博物馆文物管理与保护的基础水平，即使是在自然灾害条件下，文物管理与保护工作也能高质量完成。

第三，积极引进现代信息技术。尤其是在信息化背景下，信息技术已经在多个领域得到了广泛推广与应用，并且取得了较好的成绩，所以博物馆的文物保护与管理工作，更应该借助现代信息技术来实现文物管理工作的数字化发展。①可以利用多媒体和互联网技术，实现对博物馆现有文物资源的整合与优化。②可以利用现代信息技术和大数据技术，实现对有关文物保护信息进行收集与分析，预防文物丢失或损害等问题的出现。

第四，策略与规划。高质量的文物保护管理需要建立科学的策略和规划。博物馆应该制定明确的保护目标、原则和策略，根据馆藏文物的特点和需求，制定长期和短期的保护计划。这些计划应该包括文物调查和记录、保护环境控制、修复与保护处理、存储和展示等方面的内容。

（三）做好文物保护与管理工作

第一，要对文物进行科学分类。博物馆具有一定的对文物进行分类的能力，有关文物研究人员会根据文物的科学性、历史特点以及具体艺术价值等，将其作为文物分类标准，对文物进行类别划分。对处于不同时期的和具有不同特点的文物，采取的管理与保护措施也存在一定的差异性。所以，博物馆要想实现文物保护工作的针对性，就必须在具体工作开展以前对文物先进行分类处理。在对具体文物进行分类以后，博物馆有关工作人员需要根据文物不同的特点制订出相应的文物管理与保护计划，并将其交给专业的文物管理与保护人员进行保护工作。

第二，制订文物保护与管理方案。对文物保护方案来说，必须实现方案的科学化和合理化，在前期文物信息收集与整理时，需要考虑各个方面的因素，比如，文物的价值、文物的来源以及文物的照片等，这样也能实现文物保护工作的全面化；同时，还需要利用专业设备实现文物的检测工作，这样有助于文物修复方案的构建，提升文物保护工作的科学性。从文物管理方案来说，因为博物馆内所收藏和展览的文物作品拥有较高的价值，其自身又属于一种不可再生的自然物体，因此拥有独一无二的特性，一旦受到损坏就无法完全修复，所以这就要求博物馆有关管理人员充分认识文物管理与保护的重要性，进而对其中各项工作开展的细节问题进行深入分析与处理，实现文物收藏与保护流程的规范化。

第三，完善文物管理与保护设施也是做好文物管理与保护工作的有效措施，并在一定程度上影响着博物馆文物管理与保护工作质量。博物馆自身需要重视场馆建设，尤其是在现代信息社会下，可以积极利用现代信息技术，根据博物馆工作开展实际搭建文物管理与保护平台，进一步提高文物管理工作的信息化程度，同时满足博物馆工作开展的实际需要。博物馆可以积极引进已经相对成熟的管理软件或技术，根据实际进行创新与发展，确保技术应用的针对性，避免盲目建设等问题的出现。环境监测是文物管理与保护过程的核心内容，因为部分文物年代久远，所以环境因素等有可能使文物被损害，所以博物馆还应该加强环境监测，为文物创设适宜的存放环境，增强文物管理与保护的精准度。

（四）建设高质量的文物管理与保护队伍

推进博物馆现代化建设时，应将转变、更新文物保管意识工作放在首要位置上，牢筑思想防线，要求工作人员树立正确的保护与管理理念，强化责任意识，加大监管力度，能严格遵守保管制度、履行保管职责。

一支高质量的人才队伍是提升博物馆文物管理与保护工作质量的基础前提。尤其是在现代社会不断进步与发展背景下，博物馆文物管理与保护工作在各个方面发生了明显变化，博物馆要想更加自如地应对这些发展状况，就需要将提升文物保护与管理工作人员的综合素质作为重点任务，实现博物馆各项工作的有序开展。一方面，博物馆可以积极引进现代高素质技术人才，尤其是文物保护与修复专业人才，提升博物馆文物管理与保护工作的专业性，实现对博物馆文物保护工作的优化。另一方面，对博物馆现有的文物管理与保护工作人员，博物馆需要有针对性地健全与完善员工培训机制，主要培训内容不仅要包含文物管理技术和实践技能，还要包含职业素养等方面的培训，提升工作人员的思想觉悟，避免敷衍应付思想的出现。

（五）开展文物管理与保护宣传工作

现代社会所开展的文物管理与保护工作不仅是博物馆工作人员的责任，而且需要通过更多的宣传和教育途径，引导全民参与文物保护工作，充分发挥群众凝聚力量，增强文物管理与保护工作开展效果。博物馆可以通过定期文物保护宣传教育，综合利用讲座、宣传栏、官方网站以及微信公众号等形式，通过线上与线下相结合的宣传手段，增强人民群众文物保护意识，使其真正意识到文物保护与管理工作的重要性。

博物馆需要推动文物保护与管理制度和市场建设的高质量发展，利用法律法规对人们行为进行规范，有效预防文物盗窃等行为的出现，进一步提升人民群众对文物保护与管理工作的自觉性。

总之，对文物的管理与保护也是对我国历史文化和灿烂文明的传承与发展，同时在增强我国文化软实力方面也发挥着推动作用。所以，现代社会必须认识到文物管理与保护工作的重要性，而博物馆作为文物存放与展示的重点单位，需要采取多种有效手段，比如，健全完善文物管理保护制度、加强基础设施建设以及引进现代信息技术等措施，进一步加大文物保护工作力度，将我国悠久历史与文明传承和发展下去。

（六）落实细节性工作，动态监测博物馆环境

随着我国贯彻落实文化强国战略，博物馆文物保护管理工作得到进一步发展。但是传统理念、方法与现代化需求之间形成鲜明冲突。

第一，内部环境。当前，应将粗放式保护管理模式转为精细化保护管理模式，开展细节性工作。例如，应依据文物类型、性质以及规格等选择陈列方式、框架形式等，如常见的书画等文物，可选择钢柜或樟木柜。陶瓷等文物，应进行防滑处理，选择亚麻布等材质进行存放保管。同时，也要科学设置巡检周期，根据不同季节、气候特性等规划巡检时间、方法等，落实巡检重难点。通过开展细节性工作，能有效提高保护与管理质量。

此外，还应引进计算机技术、智能技术等，全天、动态监控，从根源上消除风险事故。通过监测外部环境，设置数字传感器，能从细微层面进行调整，真正满足文物保护与管理各项要求。

第二，物理保护与环境控制。保持适宜的环境条件对于文物的保护至关重要。博物馆应该采取措施控制温度、湿度、光照和空气质量等环境参数，减缓文物的老化和腐蚀过程。这可以通过安装环境控制设备、定期监测和调整环境条件来实现。

四、现代博物馆文物保护管理的未来趋势

博物馆想要打造现代化博物馆并实现文物保护管理目标，必须引进与掌握数字化技术手段，利用数字化平台做好文物保护管理工作。可建设专门的博物馆数据库，分类统计文物，强化警惕意识。

辅助智能化数据库监管保护手段，优化保护管理机制，方便开展文物陈列、查找等工作。能掌握文物具体数量并进行跟踪管理，搭配人工管控，相互辅助、相互弥补，防控文物毁损、蜕变以及丢失。发现文物破损，也应采取信息技术进行检测与修补口。

提高文物保护与管理水平，将其提升到更高层次上，必须创新保管意识，培养复合型

人才并优化人才队伍结构，依靠数字化平台提高管理效率，落实细节性工作，为文物创造一个安全稳定的环境，在制度体系下有序开展各项工作，推动博物馆长期、稳定发展。

　　一个国家在不断发展过程中，文物是非常重要的历史文化遗产，同时也是实现历史文明与历史文化传承的重要载体。现代人们通过研究历史文物，能够了解过去所发生的事情，感受古人的精神文化内核，分析我国劳动人民的智慧。博物馆作为我国文物保存的主要阵地，其中的每一件文物都是我国精神文明的象征，也代表了我国民族团结与民族的历史发展。所以，博物馆必须重视文物管理与文物保护工作，只有这样，才能进一步推动我国社会主义精神文明建设，实现优秀传统文化和爱国主义精神的传承与弘扬。

第五章 博物馆文物陈设展览管理

第一节 博物馆文物陈设展览的特性

"博物馆陈列展览主要是在一定空间内，以文物标本为基础，搭配与之对应的展览品，在统一主体、把握序列和创新艺术形式的基础上，传递文物信息，兼具教育价值、文化传播价值、科学信息价值和审美价值。"① 博物馆文物陈设展览具有以下几个特性，这些特性对于展示文物的独特性和吸引力至关重要：

一、思想性

质量是决定陈设展览价值高低的尺度，是赢得社会效益的关键，因此博物馆应该具有精品意识。博物馆推出的陈设展览应该成为精品之作，才能与博物馆的性质相一致，与博物馆的文化品位相符合。要持续推出精品陈设展览，需要有熟悉文物藏品的专家团队，能够不断从文物藏品的文化内涵中提炼出好的陈设展览主题，深入研究采取何种设计手段使文物展品恰到好处地表现陈设展览的主题，根据陈设展览的内容设计，精心挑选文物藏品，然后通过好的形式设计将文物藏品组织成内涵丰富的精品陈设展览。

陈设展览的思想主题内容与陈列艺术形式之间的关系，一直是人们关注和探讨的热点话题。实际上，思想主题内容是博物馆文物陈设展览的灵魂，陈列艺术形式必须服从于陈设展览所要展示的思想主题内容。文物陈设展览是一项科学性很强的系统工程，包括展览策划、内容设计、形式设计、展厅安排、展览制作、展品布置等多项内容。其中内容设计是陈设展览的灵魂和核心，包括遴选文物、提炼主题、拟订展名、撰写文案等各个环节。更为重要的是，要将思想主题贯穿始终。

博物馆的陈设展览并非简单意义上的文物叠加与组合，而是一个复杂的艺术创造的过程。好的陈设展览是观众到博物馆的理由，观众能用心、动情参观才是好的陈设展览。好的陈设展览应集思想知识内涵、文化学术概念和现代审美标准于一体，既反映真实生活，又生动感人。作为博物馆工作的核心内容，博物馆通过对文物藏品的组合陈列展示，传播

---

① 刘小乐. 博物馆文物陈列与文物保护意识研究 [J]. 文化产业，2023，（10）：112.

知识，履行社会教育和服务职能。陈设展览中的所有元素之间应相互作用，形成整体，将孤立的文物还原到当时的历史文化体系之中，让观众充分理解其独特的价值，在一定范围内产生预期的效果，拉近观众与文物展品之间的距离。

博物馆举办展览应关注社会、关注现实、关注民生，关注"人文精神、艺术哲学、科技美学"等要素的结合与体现，着重研究个性化、差异化、感知化、人本化的设计理念。陈设展览工程虽然包含普通装饰内容，例如展示空间的吊顶工程、地面工程、墙体基础装饰装潢工程，以及陈设展览中使用的基础电气工程。因此，必须坚持博物馆文物陈设展览的工作目标，遵循陈设展览的工作规律和业务规范，实现学术成果与实物展品的有机结合、知识内容与视觉表达的融会贯通、社会教育与自主学习的协调配合、文化传播与大众休闲的相得益彰。

博物馆的未来正在朝着集历史教育、艺术欣赏、公众参与、文化传播和娱乐休闲一体化的方向发展。博物馆文物陈设展览的特点主要通过思想主题、题材结构、表现视角等内容方面的特点，以及信息呈现方式、视觉表达手段、传播媒介类型、艺术表现风格等传播方面的特点反映出来。当代博物馆陈列呼唤多样化，社会公众对博物馆陈列的需求趋向多元，希望看到更多不同题材、不同视觉表达方式，给人们以创新启迪和审美愉悦的陈设展览。各类博物馆也希望通过陈设展览突出博物馆特色，陈列内容的多样化呈现，有助于使文物藏品以更加深刻的内涵呈现在观众面前，有助于观众在比较中获取更多的文化信息，在比较中深入思考。

当代博物馆文物陈设展览应该鼓励创新，鼓励创建具有鲜明特色的陈列风格。陈设展览形式的多样化表达，可以更加有效地激发观众参观的兴趣，改变观众在博物馆的视觉疲劳感，实现愉快的参观体验，使观众多维度地接触展品信息，在愉悦的参观体验中丰富知识、技能和学习能力。观众在博物馆里不仅能以愉悦的心情学习知识，还能得到身心的放松和文化的享受。

突出功能是现代主义的准则，主张"形式服从功能"，功能就是形式在博物馆陈列设计方面，现代主义认为只要能完美地表达展示功能的设计形式，就是好的陈设展览设计，人们就会理解接受，以此作为评价陈设展览设计是否最佳的重要标准。因此，在陈设展览设计时既要符合基本功能的构成规律，又要克服现代主义对功能理解的局限性。放置文物安全是展柜最基本的功能，但是在设计时还要注意款式的美观，与陈设展览内容、展厅整体效果相协调。所以，陈设展览设计是包括了人的生理、心理、物质、精神等诸多方面因素的综合性设计，其中有意义的氛围营造，不仅反映陈设展览内容和观众审美需要的真实感受，而且折射出设计功能的丰富层次。

二、学术性

博物馆文物要符合展览传播的需要，即它们的创作必须服从展览传播目的、展览主题和内容表现的需要，必须要有学术支撑，要符合现代人审美的需要，既要有较高的艺术水平或相当的技术含量，还要有较强的艺术感染力。观众进入博物馆的展示空间，参观活动主要包括阅读文字、聆听讲解、欣赏展品、观看视频、亲身体验和动手操作等。因此，陈设展览应该力求造型简洁、语言鲜明、色调和谐、创意新颖、特点突出。

博物馆文物陈设展览水平的高低，取决于科学研究质量的高低，其中对文物藏品的研究，往往不局限于对一座博物馆的个别馆藏文物的研究，更要对相关文物藏品整体进行深度研究，只有对文物藏品的特点进行长期不懈地探索，发掘其文化内涵，提炼出具有鲜明特色、使观众耳目一新的选题，才能为举办高水平的陈设展览创造必要的前提和基础。为此，陈设展览设计必须借助田野考古发掘报告中的第一手资料，通过对内容枯燥的考古发掘报告的细致释读，归纳其中的内容，详细介绍文物藏品来源、文物分类、出土地点、收藏时间、历史背景等文化信息。

博物馆的陈列设备是为陈列服务的工具，它的设计思路，关系到文物的安全、使用的便利，与观众视觉效果也有着直接的关联，同时还要与博物馆的性质、建筑风格融于一体。我国博物馆通过通俗易懂、生动优美、简洁流畅、富有趣味的文字说明，将陈设展览的内容主题、时代特征、文化寓意，以及学术观点等清晰地描述出来，这样可以使观众能够准确、快捷、方便地获取博物馆文化信息。

实际上，实现博物馆文物陈设展览内容的通俗易懂，并不意味着展览设计和制作的水平可以降低，反而要对陈设展览的各个方面提出更高的要求。通常在博物馆展柜中，呈现在观众面前的各种器物，是孤立的终结制成品。对于这些文物展品的原料成分、制作过程采取的工艺和技术、使用过程中所承载的文化信息在陈设展览的说明介绍中往往并不涉及。应通过鲜明的陈设展览主题，将文物展品的生命历程和社会关系串联起来，揭示其所反映的传统生活方式与技艺、蕴含在文物展品中的情感与智慧，共同叙述文物展品生动的背景故事，将文物展品置于与之相关的"自然"和"社会"环境之中。

三、知识性

当前，博物馆文物陈设展览处在从传统工作模式向信息化与个性化、学习型与服务型的模式转换过程中。要尊重陈设展览工作的客观规律，坚持陈设展览为博物馆发展服务，坚持"以人为本"原则，关注陈设展览的社会效益，根据陈设展览内容和观众接受程度，选择适宜的视觉表达方式和信息传播设施，为广大观众奉献丰富多样的优秀陈列。同时，创意在博物馆文物陈设展览活动中占有重要地位。好的创意要在文物展品与观众之间产生共鸣，不仅给人以耳目一新的感觉，也会在情感、艺术、文化上触动观众的心灵。

对于博物馆来说，如何用非专业人士能听明白的方式进行传播，使观众兴趣盎然地参观展览，并获得对该领域知识的理解最为关键。从展览教育方式上看，传统的博物馆以文物展品陈列为主。而现代博物馆注重启发式教育，提倡和吸引观众参与互动体验，力图使观众从被动的受教育者变为主动的知识的探索者，使到博物馆的观众，都可以根据自己的需要和爱好，在知识的海洋中自由地、主动地摄取知识营养。这一深刻变革使得博物馆发生了质的变化。

通俗易懂的文字说明是连接博物馆与观众的重要媒介之一，必须做到深入浅出，才能使观众通过文字说明了解陈列内容，增加对陈设展览的理解，使参观者有所收获。要使观众愿意阅读，文字说明在内容编排和艺术设计上都要作出精心的安排。陈设展览对于文字撰写人员有较高的要求，必须熟悉相关的专业，必须有很好的写作技巧，必须具有用简洁通俗的方式表达复杂专业内容的能力。

四、视觉性

博物馆文物陈设展览的视觉性是指通过视觉元素的运用，使展览更具吸引力、醒目和视觉冲击力。以下是一些常见的视觉性的应用：

第一，展览主题设计。展览的主题设计应该具有鲜明的特色和独特的视觉形象，通过色彩、图形、字体等视觉元素的搭配和运用，传达展览的主题和内容。主题设计要符合文物的特点和文化背景，创造出令人印象深刻的视觉形象。

第二，图像和图表展示。博物馆文物陈设展览中常常使用图像和图表来辅助展示文物的信息和故事。图像和图表的设计应该简洁明了、易于理解，并能够与文物展示相协调，突出重点，增强观众的视觉感受。

第三，视觉展示技术。现代技术的应用为博物馆文物陈设展览带来了更丰富的视觉体验。例如，利用投影技术，可以在展览中呈现文物的三维重建、影像资料等。虚拟现实技术可以使观众身临其境地感受文物的历史场景。这些视觉展示技术能够吸引观众的注意力，增强展览的视觉冲击力。

第四，艺术布置和装置。通过艺术性的布置和装置设计，可以营造出独特的视觉效果。这包括利用艺术品、雕塑、装置艺术等在展览空间中创造独特的氛围和视觉感受。艺术布置和装置的运用可以使观众在展览中产生沉浸式的感受，加强对文物的记忆和体验。

第五，空间布局和展示形式。展览空间的布局和展示形式对视觉效果有重要影响。通过合理的空间划分、展品的布局、展示高度和角度的选择等，可以创造出丰富的视觉层次和动态效果。展品的大小、形状、颜色等也要考虑与展览空间相协调,形成视觉上的和谐和统一。

通过视觉性的应用,博物馆文物陈设展览可以创造出引人注目、令人印象深刻的视觉效果,吸引观众的注意力,增强观众的参与度和体验感。

第二节　博物馆文物陈设展览的场所布局

一、博物馆文物陈设展览中场所精神的塑造

我们生活的环境创造了场所,场所创造了空间,并升华了空间。当观众进入博物馆时,只有对陈设展览空间产生认同感,才能建立起两者间的互动关系,空间升级成为有特殊意义的场所,才能使其长盛不衰。因此,博物馆空间在不断地进行功能拓展来为观众提供更多不同的体验,构建属于自己的独特氛围。一个能引起观者共鸣的博物馆空间包括其中的陈设展览布局,经常会让观众流连忘返,这是博物馆场所的特质所在,也是博物馆场所的力量。

博物馆的诞生与发展一路追随着人类文明进步的脚步,其文物展示的核心是将空间与其承载的历史文化情节作为一个整体来考察。我们需要通过博物馆体验空间来承载历史发展的脉络,来诠释社会深层的结构与文化观念,诸如民族、部落集体与个体生活方式、习惯、信仰、情感等。对于博物馆文物的陈设展览空间来说,博物馆内部体验空间不仅是场所记忆的一种诠释方式,还是空间创作的源泉。

（一）场所精神的塑造关键与影响因素

场所精神是指一个特定地点或场所所具有的独特氛围、特征和文化认同,以及人们对该地点的情感认同和体验感受。它是场所所固有的精神和个性,通过空间、建筑、景观、文化活动和人群等方面的元素来表达和体现。"场所精神具有很强的凝聚力和渗透力,通过正确认识场所的特性,合理地组织场所的物质空间,建立起人与场所的关联,便可实现博物馆陈设展览空间从物质空间向精神场所的转化,这样所构建的场所精神就对实践有着具体的指导意义,通过意识营造和巧妙的设计让历史文物激发起参观者的兴趣、方向感和认同感,进而产生更深刻的思考。"①

---

①张敏.场所精神下的博物馆展陈研究[J].文物鉴定与鉴赏,2022,(11):136.

1. 场所精神的塑造关键

（1）方向感。在生活中，我们经常用"区域""路径""标志"等来表示基本的空间方位，通过明确方向和我们与周遭环境的关系来确定此时此刻所处的位置。如果把这种空间关系放在博物馆文物陈设展览空间中，观众与展陈品、展柜、参观路线之间就形成了一个"环境意象"。好的环境意象能让观者免于失落感，而获得满足感、安全感，反映了场所的特质。

对于博物馆来说，这种特质包括两个方面：①该博物馆所塑造的空间氛围；②建筑物本身通过空间氛围营造所产生的空间特质。博物馆设计中好的方向感的营造会让这种特质得到最大程度的发挥，同时也能让观众与博物馆文物陈设展览建立良好的"亲密关系"，帮助观众确立参观动线的导向，辨别方向，理解空间中的设计意图，从而更好地把握和读懂展览的内容。因此博物馆文物陈设展览需要建立在鲜明的结构秩序的基础上，才能实现内外信息有效的交换，从而消除人对未知博物馆空间的"迷失"，让空间的功能性和特征得到观众最大程度的认可，也有利于观众更好地走进文物，了解文物展品。

（2）认同感。认同感在博物馆文物陈设展览中更多体现在对于展示理解上，这种理解并不是表面意思的理解，更多表达的是一种感同身受，虽为切身经历，但就像亲身体验一般，从而得到对展示内容的深刻思考，进而创造人与场所之间的"亲密的关系"。各个博物馆的形式与内容都不仅是简单设计构成，背后往往蕴含着某些深刻的涵义，每一个场景都有一个故事，这些涵义与城市的历史、传统、文化和民族等一系列主题密切相关。可以说，博物馆空间基本都包含着一种独特的场所精神，而对于观众来说，这种精神的传达是他们在此产生认同感和归属感的重要原因。

2. 场所精神塑造的影响因素

（1）博物馆的地域文化背景。场所精神就在于其是在历史长河发展过程下无形的积淀出来的，因此各个地区所形成的场所精神都有一定的差异性的，也各有各的特点和体系。不同民族、不同地域、不同历史文化在本质上制约着场所的构建，对场所精神的形成也产生一定影响。博物馆的文物陈设展览要构建场所精神，体现地域文化特色，就需要在陈设展览空间设计中融入能反映博物馆所在地的地域风貌、人文特色的风格元素，把宝贵的文物资源利用当地特色风俗文化作为载体向社会展示出来。在地域性文化历史的基础上，提取文化的精华，增加展览的认同感，明确博物馆发展定位，弘扬当地的独特地域性文化。同时吸引外地游客，带动当地人文旅游的发展，促进文化对外传播。最终构建每个博物馆独特的场所精神，为文博行业整体发展积蓄力量。

（2）自然环境的场所认同。人所生活的自然环境和人为环境都不是简单的集结，而是充满意义具有象征性的聚合。在博物馆选址和设计中，要特别注意地域自然地理环境和物质环境对其的影响。这里的自然环境也包括一部分的地域辐射、社区辐射，尤其每个城市的博物馆都是该城市文化输出的首要平台，是打造城市软实力的主要阵地。当我们身处在一个空间环境中，空间的大小、建筑的外壳、周围连接的街道，甚至自然环境中的声、光、水、电等都会影响着体验者的感受和心理行为，这些要素与要素之间又会相互作用，相互组合生成新的空间意向，影响着博物馆陈设展览的氛围和场所空间特质。

博物馆的物质环境是其发展的基础，很多博物馆的建立都是为了讲述特定地点或紧邻地区的故事。人与自然环境有着天然的亲切感，博物馆设计中能否体现自然环境特质既考验着设计和策划团队，也是博物馆投入运营后能否发挥其传播当地的历史文化、发扬城市精神作用的重要考量。

但由于经济社会的迅速发展，互联网+时代的来临，博物馆的发展越来越趋向综合性、服务型，展览陈列形式也随着博物馆功能的转变，发生了一定变化。陈设展览形式和内容设计上的变化让场所的空间特质得到了释放，展品本身的历史文化内涵和展览的主题情节得到诠释，场所精神被逐步营造出来。所以说，空间场所精神的塑造需要依托其陈设展览、内容的设计，好的形式内容设计会让陈设展览整体效果事半功倍也能帮助展与观众的沟通与互动。

（3）文物陈设展览的空间易读性。"易读性"是参观者评价博物馆空间的起点，对于博物馆文物陈设展览来说也是其人性化的基础。博物馆业态复杂，信息量大，人流量大，所以博物馆空间的易读性成为影响观众心理环境的重要因素之一。

空间的易读性影响博物馆文物陈设展览信息被人识别的可能性，这直接影响着人方向感的产生，决定了参观路线的设计是否成功。初次进入博物馆的参观者，往往不能总体把握陈设展览空间的布局结构，只能依据一个自己了解的节点（比如展览的前言和结语处），进而了解整个陈设展览空间。文物的展览陈列有其特定的场景，例如复原性场景陈列就需要将自然生态中或历史空间场景进行还原。设计者在进行参观动线设计的时候既要注意对真实场景的还原、解读还需要注意展览的空间易读性和空间可见性以及二者之间的关系的处理。

我们还需要强调观众参与的文物陈设展览形式。根据构建场所精神的理论基础存在主义的主张，博物馆场所注重人的个性和自由，文物展览也是以观众为核心来进行有效传播的。依靠单纯地提供信息和知识是无法让观众切身体会到文物展品的历史文化内涵和价值意义的，对于文物展览场所精神的表达也是杯水车薪。因此，增强观众的参与度对于文物展览的易读性有着不可取代的作用，要给予观众独立思考、参与展览创造的空间，自主地进行选择、理解文物展览。

（4）文物陈设展览的空间叙事性。博物馆中陈放的大多数为当地出土的文物，讲述的是该区域民族、历史、文化、艺术发展的进程，具有独特性和唯一性。要让观众对展示主题和内容获得认同感，不单单是依靠展品，而是依靠空间氛围的营造。实质上就是对空间内部故事的叙述，借用文学中的叙事性手法，借助场所物质与非物质的载体，将博物馆文物展品的文化脉络及其历史语境呈现出来，让观众感受到文化记忆的真实存在，感受一种归属感与认同感。因此，博物馆文物陈设展览设计者更应该注重观者的参观体验，研究博物馆所在地的地域特色和藏品的历史文化内涵，利用空间叙事和"讲故事"等手段去实现这一"精神场所"里的场所精神。

（5）氛围、节奏和参观动线。帮助博物馆营造良好氛围的方式有很多种，首先就是面对面地与观众进行沟通交流，使得每一位观众都有一个好心情去参观接下来的展览；还有一种方式是在设计场馆时使用该地区的一些传统特色的家具和装饰。

除了气氛会对场所精神的塑造产生一定影响，展览的节奏也是重要的方面。设计师可以通过类似电影情节组织的方式来改变文物展览的陈列节奏，让观众始终保持兴趣。

观众的参观节奏有时还与博物馆的向导或是讲解员有一定关系，由向导带领观众参观时，展览本身的节奏设计减弱，因为向导可以打破参观的顺序并回应观众的需求。优秀的向导知道如何发现观众变得疲倦或无聊，他们可能会通过向观众提问，讲述有趣的故事，改变参观的速度或方向，将观众的吸引力拉回到展览上。与优秀的教师一样，好的向导知道该如何组织展览的秩序，引发观众的兴趣。

博物馆能够保持观众注意力的一个重要方式是使不同展厅或区域的面貌和形态多样化。天花板的高度、地面、光线、色彩设计、内部装饰都可以各有不同，以此来配合展品和主题。陈列的设计手段也最好多样化，这样观众从绘画展厅进入到考古陈列厅、再进入可"动手操作"的科学展厅，就会产生新的兴趣，从一个展厅进入到另一个展厅时也会保持活力，同时还可以激发灵感，使展馆的教育意义和娱乐性质更好地互补。

另一个影响博物馆内场所精神构建的一个因素就是观众的参观动线。参观动线是指观众在博物馆空间中的行进方式，包括他们从哪里进入，参观的顺序，以及在不同展厅花费多长时间（有时被称为"停留时间"）。在设计打造文物陈列或展览时，至关重要的是基于对目标观众特征的了解和不同时段可能参观人数的预测，据此来非常细致地设计移动模式和参观动线。因为目标观众的多样化和观众体验感的差异，参观动线的设计需要考虑多方面的因素，有些博物馆也会采用开放性的参观动线设计，让观众自由选择参观路线、时长。

（二）场所精神的塑造的有效展示与方式

1. 场所精神的塑造的有效展示

（1）静态与动态——多种展示手段结合使用。博物馆场所精神的塑造依赖于博物馆是如何诠释表达所藏文物的，即解释一件物品和它的意义。博物馆自始至终都在诠释，探索不同展品向不同人群展示可采用的最佳方式。需要明确观众，确定目的，选择正确的诠释方法。

第一，复杂些的静态展示方式多以三维立体的展示为主，在这里我们列举一些博物馆经常采用的手法进行说明（表5-1）。

表5-1 静态的三维立体的展示手法

展示手法	展示手法解读
模型	在博物馆的使用范围较广，对诠释陈设展览的内容有很大帮助。模型比地图更直观，更容易理解，尤其在说明考古遗址或历史建筑的发展时可以派上用场，但模型的设计和制作必须比例合适、材质接近、做工精良。
复制品	复制品可以提供文物的历史背景，并通过物品反映当时的生活方式，帮助观众增强对展览的理解和欣赏。
场景造型	场景造型可以和传统的陈列方式相结合，产生非常好的使用效果，它可以向观众介绍一幢历史建筑过去如何被建造出来，让观众有机会瞥见历史上遥远年代的生活，向他们描述历史事件的画卷。这种方式对于增强博物馆场所的体验感，塑造场所精神有一定作用，还可以增强对观众的吸引力，丰富展览形式。
模拟立体布景	模拟立体布景是在陈设展览中模拟景物环境实体的部分。在自然历史和地质博物馆中，这种方式尤其有效，可以用来展现动植物的生存环境或者是不同地理环境的特点。这一方法在大同市博物馆和贺兰山岩画博物馆中都有大量应用。

第二，动态的展示方式在博物馆中应用相对普遍，尤其是影音展示。作为博物馆最有趣的辅助手段之一，不仅可以作为展览的导言解释一件或整组作品，甚至还可以单独作为展品，表达某种特别的观点。影音展示具有互动性，可以使观众更好地参与其中，营造氛围，带动观众情绪。

近些年，我国许多博物馆向综合型转变，更多地承担起素质教育的功能，让各年龄层次的公众获益于博物馆。其中最显著的变化就是互动式展示越来越普及。"互动"可用多种设施和方式来进行，例如计算机游戏、剪影游戏、积木、拼图，还可以让观众试穿古代服饰等。以屏幕为主的互动展品需要观众使用触摸屏或球形光标，而手动展品则要求人们运用通过身体动作与互动装置更好地配合来完成一些设定的场景。这些都是让观众参与其中，从而具有"互动性"。目前，互动技术的发展非常迅速，越来越多的陈设展览方式或者展示理念需要观众不再只是观赏到位于背景板之前的展品正面，而是可以从四面八方，甚至是处于变化中的角度去认知展品。人的身体、情感等方面的体验比展品本身更重要，因此博物馆的诠释表达中需要促进观众与人、空间、展品对话，并通过更多的知觉来体验世界。

（2）渲染空间氛围的照明。渲染空间氛围的照明最首要的任务就是要考虑展品的类型、内涵，突出其特点。不同类型的展品所需要的光照也不尽相同，最重要的是为展品起到良好的烘托作用。陈列展览本身不是独立的，场所氛围和场所精神的营造都需要各个方面的辅助，要在展品、环境、参观者三者之间建立联系。照明设计是承担三者连接的重要一部分，对于空间氛围和展览空间的营造和渲染起着相当重要的作用。合理的照明设计可以带给人愉悦感，引导观众视线，对人在空间中的方向感也会起到一定的支配作用。所以博物馆中的照明设计不仅要考虑到展品本身，还要考虑参观者的心理感受，避免人产生不适感。

总之，博物馆陈设展览空间的照明设计不仅可以调节空间氛围、影响参观节奏、体现展品的质感和美感，还会左右参观者的心理情绪。做好渲染空间氛围的照明，在博物馆空间场所精神的塑造中起着一定的重要作用。

2. 场所精神塑造的有效方式

（1）复合型以人为本的陈设展览空间设计。随着各类文创产业和信息技术的迅猛发展，博物馆空间普通的文物展览已不能满足参观者的需求，以人为本的情感体验和参与认同感是文物展览应该带给观众的。博物馆陈设展览已经从"储物柜"，逐步演变成具有包容性和开放性的，兼具教育性、娱乐性、艺术性的物质与精神空间。博物馆具有教育意义的场所，应该创造出一种轻松且富有趣味的空间，注重参观者的经历和感受。博物馆陈设展览空间应该展示出一种精神性，并让这种精神成为其自身的吸引力，为观众营造舒适的观展氛围，从而塑造场所特质和场所精神。

通过多种复合型的陈列方式可以帮助博物馆文物陈设展览实现以人为本的设计理念。在确立好展览主题后，我们可以选择如何将展品陈列组合以达到最佳展示效果。以下我们列举一些好的陈列方式：

第一，场景重建型陈列。这种陈列方式是为突出一定的主题信息或重建一个真实的场景。在进行陈列设计时，运用道具、背景、装饰品、展品和音频、文字等，构成一定的场景，形象地体现出展览的主题或展品的特点；或者运用场景设计的手法，将场景原貌进行复原和展示，这种陈列手法可将原始场景、考古现场等真实地展现在参观者的面前，有些场景陈列还具有一定的故事性，给人一种身临其境之感，引起参观者的联想。同时场景陈列与整体展示氛围和内容相融合，强调艺术性和创新性，也是文物展品人文内涵的理解与深化。

第二，教育沉思型陈列。这种陈列通过展示美妙的或有启迪性的物品以引起观众的沉思冥想，或是通过讲述一个故事而起到教育的目的。

第三，特色陈列。是指为特定的展品而设计的特色的陈设展览方式或展示空间。这种形式的陈列方式一方面可以突出某些特定展品或空间，另一方面可以使展品与其陈列环境融于一体来展示。特色陈列多会涉及复原性展具设计或特色空间设计，从而打造有特殊气氛的陈设展览空间氛围。这种方式也会更加吸引观众，增强展览的可识别性、趣味性。

博物馆展示陈列的手法多种多样，不同主题的陈设展览空间所选择的陈列组合方式不同，但都需要遵循艺术设计形式美的原则，处理好展品的主从、对比关系，把握好每一个物体或者元素的规律或秩序变化，注重空间节奏的韵律变化，从而控制整个展览的空间氛围的营造，这种复合型以人为本的陈设展览空间设计，是塑造博物馆场所精神的有效途径之一。

（2）陈设展览空间情节的营造。博物馆塑造空间情节是为了建构有感染力的博物馆场所，引入文物背后的历史情节结合空间体验对相关题材的展览空间进行一系列的主题设计，从而诠释展品和陈设展览空间的意义。博物馆空间情节的营造试图在场所精神与场所之间寻找中间桥梁，寻找一种更容易把握的向度，引导空间设计，也是对文物和相关历史事件进行具体化诠释。

无论是在现实生活中的观察还是在对传统的历史思辨中获得了空间情节的题材，还需有效地提炼与陈设展览主题契合的情节，提炼的目的是将陈设展览空间内在艺术感染力及其规律展现出来，并把这些规律贯穿到其中。提炼，即为一般的关系、规律、矛盾在展品、空间、环境、场所中充分地反映。它能揭露现象内部的逻辑性、连贯性、完整性。提炼的情节适应博物馆文物陈设展览主题，可以促进空间意义的体验和升华，引起空间中的质变，使展览更加吸引观众。陈设展览空间情节的提炼往往凝聚着博物馆独特的空间氛围和设计师强烈的思想感情，反映了整体设计独特的美学观点和技巧。同时，空间情节的提炼和典型化，对于提高博物馆陈设展览空间的艺术审美价值、建构场所感、营造有感染力的空间秩序具有十分重要的意义。

（3）多媒体数字化信息技术的应用。场所精神的塑造并不只是要让我们回到生活的情景，还在于在过去的历史中创造新的经验和感受。近年来，多媒体数字化信息技术越来越渗透到博物馆工作的方方面面。与一般的展示方式相比，新技术的优势主要体现在以下三个方面。

第一，运用多媒体数字化信息技术有助于提高和完善博物馆服务职能。尤其对于博物馆来说，正处在发展壮大的过程中，需要新鲜元素引入来促进博物馆展示的多样化。运用多媒体技术的引导台和查询台能给观众提供更便捷的服务，参观者还可以自主选择所要参观的内容和展品的介绍，拉近了展览与观众的距离。

第二，运用多媒体技术的展示方式涵盖信息量较大，展示手法精湛、先进且具有创新性。如今多媒体技术的应用被赋予了一定的艺术色彩，既可以展示恢宏的场景，也可以有多方位、多角度地展示精美的细节。通过多媒体技术，可以还原许多真实的场景，再结合一些先进技术3D投屏、虚拟现实等，有利于展示环境的气氛渲染，给观众带来趣味性和娱乐性，这些都是传统展示方式很难做到的。

第三，多媒体数字技术最重要的是可以增强展览与观众之间的互动。我们前面列举的大同市博物馆、贺兰山岩画博物馆、敦煌数字展示中心都或多或少的在展览中应用到了多媒体数字技术。我国许多博物馆文物陈设展览中也开始引入这种形式，让参观者可以对展览信息进行选择和操作，调动观众的欲望，使参观者的感受更加真实，对展览的关注度和理解力也大大提高，从而达到博物馆文物陈设展览教育的目的。在此过程中，观众由单纯的参观者变成了参与者，展览信息的传达不再只是单纯的传送与接受，而是变成了对信息的接受处理与主观选择。参观者调动身体和情感与展览产生互动，参与感和体验性加强，从而达到了传统形式所不能达到的效果。

博物馆无论采用什么手段去表达自己、去塑造场所精神，都是建立在人们对博物馆空间环境的真切感知与生活体验上的，是在潜移默化中构建了自己的场所感。因此，了解多种表达方式和途径，可以帮助我们认知博物馆空间和展品以及二者的关系，在体验中获得秩序感、认同感和归属感，在体验中思想情感随之调动，感受场所精神的存在向度。另一方面，面对岩画艺术、石窟艺术，这些正在逐年退化的、不可再生的人类宝贵的文化遗产、艺术瑰宝，为了让我们的子孙后代都能看到我们民族曾创造出如此优秀的人类文明，数字化保护工作一刻也不能停止，数字化文物展示也需要投入足够的人力物力，发掘文物展览更多的可能性。

二、博物馆文物陈设展览空间的特色发展

（一）博物馆陈设展览空间的特色展示

1. 独立展示

独立展示适用于仅为观赏或创作的艺术品。在独立展示形式之中，展品本身的位置、高低、角度、感光度等影响因素所处的地位非常重要，相对来讲，展品与其他展品之间、

展品与外部环境之间的相互作用、相互影响则处在非主要地位。独立展示形式受到环境改变的影响微小，可以在不同性质的展示空间中实行展示。

2. 场景展示

从保护空间的视角来看，让展品摆脱原来的空间以及运行状态是卓有成效的方法。因此，在展品获得充分保护的状况下，尽可能采用场景式的展示方式让展品的形与义产生关联。例如，原状陈列是经过再现展品原来的历史风貌与环境，让展品与环境形成一一映射的关系，此时空间是成为展示信息的局部空间，也就是个性空间。

（二）博物馆文物陈设展览空间的特色设计

从博物馆建筑内部空间来看，陈设展览空间艺术设计是博物馆布展的主导因素。博物馆陈设展览设计以及陈设展览空间的营造，是博物馆文物陈设展览的根基和灵魂，在文物陈设展览中发挥着至关重要的作用。博物馆文物陈设展览空间主要从文物与陈设展览空间设计以及观众与陈设展览空间两方面的因素来剖析：

1. 文物与陈设展览空间设计

博物馆陈设展览空间的基础是文物展品，文物实物承载与众不同的地域文化与文明，陈设展览空间的个性化的气氛创造是以空间为基础的。珍贵的历史文化文物需要适当的陈设展览环境和气氛来表现。陈设展览空间设计主要可从两方面着手：

（1）文物受到环境的影响十分显著，脱离了本来保存时的环境很可能遭受损坏。适宜的温湿度、洁净的环境氛围对文物保护不可缺少。文物的唯一性与不可再生性决定了其在陈设展览阶段，应加强对文物陈设展览的保护，避免被损毁。可通过科学技术手段和管理方法促进文物保护，达到安全保存的目的。

（2）建立适合的陈设展览环境，要先确立一个主题方向，而后合理组织文物展品。在一定的陈设展览空间中，陈设展览什么文物、多少数量、什么次序，都需要精心斟酌。

2. 观众与陈设展览空间设计

博物馆的设计重心倾向于研究和满足普通大众的心理、生理需求，陈设展览空间设计表达与呈现更加人性化。人们开始注重内心的需求，对生活的要求越来越高。比如，内容的日益复杂化、主题形式更加多样化。公众对公共文化的需求在博物馆的发展过程中得以体现。

在生活方式的变革与发展上，通过实践慢慢完善，形成适宜的生活方式，博物馆陈设展览空间的设计，也具体表现出这种变化。在陈设展览布局文物之时，关注重点在于如何表现文物，挑选陈列适合文物的管理方式。经过对参观的综合与实践效果的进一步研究，博物馆陈设展览设计逐步开始注重观众的心理活动及其规律，研究分析观众的兴趣爱好、精神及生理方面的需要，比如对博物馆陈设展览主题、形式、空间等方面的需求，观众的需求日益变成陈设展览空间设计的客观依据，"以人为本"的空间设计逐渐成为陈设展览空间设计的重要原则。既能够保证人的感官体验效果，又能够达到教育启迪的目的。

在分析观众的心理活动的陈设展览空间设计关系之中，除了注重个体的差异与不同，更应当总结归纳个体中的共性，研究其基本需要、心理特征、行为方式。真正要做到以人为本，主要从以下几方面展开：

（1）陈设展览空间布局规划要显出符合个体共性的行为方式，充分考虑观众的实际需求。优化空间布局，尽量避免视觉疲劳，提升陈设展览效果。注意视觉空间范围大小的影响，并依此创造出一个让人难忘的空间环境，从而达到良好的陈设展览效果。

（2）陈设展览文物要和一些不可或缺的辅助展品比如道具、图标等按照人机工程学原理，依据特定的空间次序层次摆放，满足人的生理活动尺度和视觉识别表现要求。

（3）陈设展览空间设计要满足观众生理和心理等方面的需求。通过"以人为本"的陈设展览空间设计方式来树立积极的人文理念，让文物在良好的陈设展览空间与观众获得更好的心灵沟通。

第三节　博物馆文物陈设展览的实施

博物馆文物陈设展览是博物馆业务工作的主要内容之一，它是博物馆肩负传播文化职能的载体和桥梁。博物馆文物陈设展览的实施是一个综合性的过程，涉及多个环节和步骤。以下是博物馆文物陈设展览的一般实施流程：

一、博物馆文物陈设展览的选题确定

陈设展览是博物馆对外宣传的主要窗口，作为传播知识的平台，博物馆通过陈设展览让人们了解相关的文物知识，提高欣赏文物的水平，感受文物所蕴含的文化的无穷魅力。

对博物馆举办陈设展览应当遵循的原则确定如下：①与博物馆性质和任务相适应，突出馆藏品特色、行业特性和区域特点，具有较高的学术和文化含量；②合理运用现代技术、材料、工艺和表现手法，达到形式与内容的和谐统一；③展品应以原件为主，复原陈列应当保持历史原貌，使用复制品、仿制品和辅助展品应予明示；④展厅内具有符合标准的安全技术防范设备和防止展品遭受自然损害的展出设施；⑤为公众提供文字说明和讲解服务；⑥陈设展览的对外宣传活动及时、准确、形式新颖。

而决定陈设展览是否成功的重要因素，是举办什么样的陈设展览，即陈设展览的选题。这样就涉及博物馆一个主要且重要的研究课题：如何选择陈设展览的题目。

第一，选题依据。博物馆文物陈设展览的选题应根据多方面来加以考虑。选题的依据主要包括：博物馆特性、地域特性、民族特性、社会环境、文化背景、博物馆藏、展览类型、经费支持等。

第二，选题范围。博物馆文物陈设展览选题的范围，从宏观上讲，只要是社会需要的选题，同时，也具备了陈设展览运作的基本条件，就可以成立。具体而言，博物馆文物陈设展览选题主要包括政治性项目、社会热点项目、专业项目、娱乐项目、专题项目、名人项目和其他项目几个方面。博物馆需要针对相关的陈设展览内容，制订出远期及近期的陈设展览计划：远期计划实际是把握博物馆陈设展览发展的方向；近期计划，则是配合社会的文化需求，与时代脉搏同步，突显时代特性。

第三，选题确定。博物馆文物陈设展览选题在经过最初的方向及范围确定后，就进入实质地确定陈设展览选题的阶段。陈设展览选题的确定，主要有以下六个方面：政府支持、社会调查、专业咨询、业内讨论、科学预测、展品支持。

第四，选题的重要性。博物馆在确定举办陈设展览之前，要经过细致、规范、有计划、科学的陈设展览选题过程。在陈设展览选题上兴师动众，是因为在整个陈设展览运作过程中，陈设展览选题占有十分重要的作用。只有首先在陈设展览选题上保证最大限度的可行性，才能为今后陈设展览的具体运作、陈设展览的结果以及产生的影响，奠定良好的基础，保证陈设展览的成功。

总之，博物馆文物陈设展览选题是陈设展览的生命，非常重要。它的意义在于使陈设展览具有可行性，产生好的结果，并对社会、对不同阶层的人产生深远的影响。

二、博物馆文物陈设展览的前期准备

博物馆文物陈设展览在具体实施之前，首先要做好前期的准备工作，主要包括组织落实、确定陈设展览具体工作内容、确定陈设展览运作时间安排、确定陈设展览项目管理办法及方案。

（一）组织落实

陈设展览的前期准备是在组织上落实，即具体的人员安排。它包括在行政上由上至下、由内部到外部不同工作人员的组织关系；以及业务上的与陈设展览内容相关的不同层次、领域、人员的工作关系网，将涉及陈设展览的每一个最小的环节以组织的形式，落实到位。

在陈设展览运作的组织中，一些重要的位置及人员的设置，特别是陈设展览总协调人的设置一定要合理。此职务需要对陈设展览有深入的认知，具有较强的组织能力，因为其在陈设展览关键问题上作出的决策，将影响到陈设展览的成败。

陈设展览各环节监督人员的组织落实也十分重要，优秀的监督人员一方面随时督促展览的顺利进行，发现漏洞，及时督促弥补；同时，为项目负责人和项目责任人之间架起沟通的桥梁，使其各自充分发挥自己的职能，使陈设展览机器正常运转。总之，陈设展览运作需要人去完成，如何将个体整合为一个具有战斗力的团体，建立完善的组织机构，在陈设展览中至关重要。

（二）主题确定

陈设展览选题确定后，在真正进入陈设展览运作阶段前，还需要对陈设展览的主题进行认真、细致、深入的研究及讨论，确实把握好陈设展览的主题，做到研究透彻，论述清楚。陈设展览主题实际上就是陈设展览大纲的中心思想，即陈设展览的灵魂。认清陈设展览的主题思想，就理清了陈设展览大纲的撰写思路，这样才能写出条理清晰，中心突出，具有特色及水平的陈设展览大纲。陈设展览主题的确定一般需要经过论证。

陈设展览主题的确定，首先需要经过充分的论证。主题论证应该本着科学的态度，在具有充分论据的基础上进行。论据的内容，应该是多角度、多层次的，不仅是领导的意见，还应该充分倾听专家、学者的建议，使陈设展览主题的立意具有学术水平、具有特色及时代精神。在充分认识陈设展览主题的基础上，形成理论与实际相结合的主题论证意见，为陈设展览大纲的撰写打下坚实的基础。

陈设展览主题经过科学的论证，得到领导、专家、业内同行的认可，才能最终确定。陈设展览主题一经确定，就应成为陈设展览大纲撰写中遵循的根本原则，不能有半点模糊和动摇，可以说陈设展览主题是指引陈设展览大纲写作的一盏明灯。

三、博物馆文物陈设展览的策划与设计流程

（一）博物馆文物陈设展览学术资料的搜集与梳理

博物馆文物陈设展览学术资料的搜集与梳理的内容包括从学术研究成果和展品形象资料收集整理到展览学术大纲的编写。博物馆文物陈设展览的宗旨是向观众传授文化、知识、艺术、观念和思想，促进文化交流和传播。

学术研究成果和展品形象资料不仅是展览提炼概念、观点和思想的基础，而且也是制作科学或艺术的辅助展品的基本依据。可见，学术研究成果和展品形象资料的收集整理对

博物馆文物陈设展览的策划设计十分重要，包括这两方面内容的展览学术大纲是陈设展览内容文本策划的重要学术依据和基础。

（二）博物馆文物陈设展览的主题提炼及结构演绎

1. 博物馆文物陈设展览的主题提炼

主题是展览的核心，贯穿于展览的全过程。主题提炼的任务是在研究大量与选题有关的学术资料和藏品资料的基础上，进行从现象到本质、从事实到概念、从具体到一般的高度概括、抽象和升华，进而从教育学和传播学的角度，提炼出一个能统领整个展览的、个性鲜明的、具有高度思想性的展览主题。主题立意的高度和深度直接关系到展览传播的思想水准。展览主题提炼愈充分，立意就愈高，展览的意义、思想性和教育性就愈强。展览切忌平铺直叙，就事论事。

主题提炼的结果往往反映在展览标题（名称）上，标题是展览主题的集中表现，被誉为展览的"眼睛"。展览标题不仅要做到高度概括和形象点题，更要给观众强烈的第一印象，一个展览能否吸引观众，标题往往起着关键性的作用。

2. 博物馆文物陈设展览的主题结构演绎

所谓陈设展览内容主题结构，是指依据展览传播目的和展览主题对陈设展览内容逻辑结构的合理安排，类似一本书的目录框架。展览主题结构的逻辑清晰度直接关系到观众对陈设展览内容的认知与感受，关系到展览信息传播的效果。科学、合理地安排展览主题基本结构，对有效传达展览的信息，对观众参观并接受知识和信息十分重要。

一般展览主题结构分为部分、单元、组和展品四个层次，结构层次要脉络清晰，各层次之间逻辑性和连贯性要强，下一级必须服从和服务上一级，紧扣上一级的主题，是对上一级的具体化。

3. 博物馆文物陈设展览的重点和亮点的研究和规划

展示内容重点和亮点规划是对展览"主要信息点或传播点"的规划。在陈设展览内容文本策划中，我们要认真研究并选准每部分或单元内容的重点、亮点，合理安排这些重点、亮点的布局。

（三）博物馆文物陈设展览的展示素材选择与组团

展览依赖展示素材表现和叙事，展示素材是博物馆文物陈设展览特有的表达语言。欲使展览达到有效传播信息和内容的目的，必须选择好展览的素材，并对展示素材进行合理巧妙的组织和安排。

第一，博物馆展示素材的选择。陈设展览内容的表现和信息的传达需要生动、形象的展示素材的支撑，展示素材不仅包括文物标本、图片声像资料，还包括用于创作辅助展品的故事情节资料。好的展示素材能够生动形象地表现展览的内容，揭示展览的主题。因此，要认真研究和选择展示素材。一般来说，那些"见人见物见精神"的素材，那些具有代表性、通俗性、故事性和情节性的素材，往往最能表现展览的内容，最能打动观众。

第二，博物馆研究展示素材的组团。要有效地传播展览的内容，除了要选择好的展示素材外，还要巧妙地对这些素材进行组织。展览要清楚地传播信息，关键要在展示素材的信息组团上下功夫。展示素材的信息组团越科学、巧妙，就越能有效传播展览的信息；反之，将影响展览信息的传播，甚至出现错误的信息传播。

展示素材的信息组团类似电影的一个个分镜头。博物馆文物陈设展览一般有四类信息载体，即图文看板、文物标本、作为辅助展品的二维或三维的造型艺术和信息装置。它们之间必须是相互关联和呼应的，共同表现一个陈设展览内容或揭示一个展览主题。

（四）博物馆文物陈设展览内容文本的编写及格式

博物馆是通过举办展览向观众传播科学文化知识的机构，只有不断推出既具有思想性、科学性、知识性，又具有艺术感染力的精品展览，博物馆才能在传播科学文化知识、丰富民众精神文化生活和促进文化交流方面真正发挥重要作用。如今，博物馆正日渐成为传播先进文化、普及科学知识、弘扬社会正气和塑造美好心灵的重要课堂。博物馆文物陈设展览成功与否首先取决于陈设展览内容文本水准的高低。只有首先具备一个好的陈设展览内容文本，形式设计和制作师才能制作出一个优秀的博物馆文物陈设展览来。

陈设展览内容文本是展览形式设计的蓝本，是一个展览成功的基本保障。那么，怎样的陈设展览内容文本才是一个合格规范的文本？一个合格规范的陈设展览内容文本至少应该符合如下基本要求：

1. 博物馆文物陈设展览内容文本的要求

（1）陈设展览内容文本要明确展览的传播目的。陈设展览内容文本必须明确本展览传播的目的和宗旨，即本展览想让观众知道什么，或想影响观众什么？这是展览设计的基本指导思想。如果陈设展览内容文本不能对形式设计者阐述清楚本展览传播的目的和宗旨，那么形式设计者在从事展览形式设计时，就难以准确把握展览设计的基本指导思想。

（2）陈设展览内容文本结构要逻辑清晰。陈设展览内容文本必须明确展览传播的基本内容，并将这些基本内容按照清晰的逻辑结构进行编排。展览基本内容的逻辑结构关乎受众参观认知的效果，清晰的内容逻辑结构能起到纲举目张的作用。

（3）陈设展览内容文本要对传达的信息作出清晰的层次划分。为了满足不同观众的不同信息需求，展览除了要信息丰富完整外，处理好信息层次也很重要，即哪些是满足普通观众需要的信息，哪些是满足专业观众需要的信息，哪些作为显性信息处理，哪些作为隐性信息处理，做到主次分明。

（4）陈设展览内容文本要提示展览各部分或单元的重点和亮点。展览不宜平铺直叙，一个成功的展览离不开重点和亮点的支撑。

（5）陈设展览内容文本要对展示素材进行巧妙的组团。必须点明实物和辅助展品的组合关系及其传达的意义，即一组展品——实物展品和辅助展品是如何组合的？共同传达什么意义？哪个是主角？哪个是配角？哪个做背景用？如果内容文本不做这样的提示，形式设计者不仅难以准确地把握和表现展品组合欲传达的意义，而且容易导致信息传播的错误。

（6）陈设展览内容文本必须清楚说明辅助展品的传播目的并提供创作背景和学术支撑。在博物馆文物陈设展览中，无论是科学辅助展品（图表、地图、模型和沙盘等），还是艺术辅助展品（绘画、雕塑、场景）的创作，除了要明确传播目的外，还必须有严谨的学术支撑。陈设展览内容文本必须提供创作辅助展品的学术依据和背景说明，这样才能保证辅助展品设计和制作的科学性和艺术性。

（7）陈设展览内容文本应该撰写重点展项的分镜头剧本。所谓重点展项的分镜头剧本，一般是指创作数字影片、多媒体；大型场景、大型群雕、大型沙盘模型和大幅壁画绘画等的学术依据和形象素材及其创作方案或剧本。如果没有这些展项的分镜头剧本的支撑，形式设计者就难以准确形象地创作这些重点展项。

（8）陈设展览内容文本必须撰写所有看板的文字说明。撰写前言、部分主题说明、单元主题说明到组主题说明和重点展品的文字说明。展览文字说明除了要求易读和精练外，在设计风格上宜采取提问式、鼓励参与、吸引注意力、指引观众和鼓励比较的方式，引起或激发观众阅读的兴趣。

（9）陈设展览内容文本学术观点必须正确，依据材料要真实可信。博物馆文物陈设展览不是娱乐媒介，而是观点和思想、知识和信息的传播。因此，展览提出的观点和思想、知识和信息，展览展示的各种展品（包括辅助展品），都必须建立在科学的、真实的基础上，以主流学术观点为基础，以客观真实的材料为支撑。

2. 博物馆文物陈设展览内容文本的格式

陈设展览内容文本主要是为展览形式设计创作专业人员服务的。因此，评价一个陈设展览内容文本的格式是否合适，关键是要看其能否让展览形式设计创作专业人员一目了然地看懂文本，理解展览的传播目的、基本内容、结构、重点和亮点、形式表现的基本要求、展品展项创作的依据等，并且清楚如何将陈设展览内容文本转化为三维的展览形态。基于这样的判断，陈设展览内容文本格的层次包括：①展览总的传播目的和主题结构；②部分或单元传播目的和主题结构；③组的传播目的和内容组合。

3. 博物馆文物陈设展览内容文本的文字编写

文字编写是陈设展览内容文本策划的重要内容。陈设展览内容文本文字至少应该包含三类文字：各级看板说明文字、辅助展品创作描述和依据文字、数字媒体隐性信息文字。

（1）看板文字的说明文字。对博物馆文物陈设展览来说，看板文字是必不可少的。好的看板说明文字，能增加观众对展览的兴趣，使他们对整个展览产生深刻的印象。看板文字是指展览前言与部分、单元、组和展品的说明文字，反映展览宗旨与每部分、单元和组的主题或核心思想。它们是展览与观众对话的媒介，是展览的讲故事者。

"前言""部分""单元"和"组"是一个严密、完整的内容系统。前言文字、部分说明、单元说明、组的说明，每一级文字说明要能统领其下的展示内容。按照陈设展览内容结构逻辑层次的要求，在各级文字说明编写上也必须做到：下一级文字说明必须服从和服务于上一级文字说明，紧扣上一级文字说明的主题，是对上一级文字说明的具体化。切忌上下级文字说明之间没有关系，或关系不大，或关系混乱。

同时，看板说明文字要包含主要的知识点和信息点，抓住重点，文字表述要精练，文字量不宜过长。一般来说，"部分说明"宜控制在250~300字，"单元说明"控制在150~200字，"组说明"控制在80~100字。

（2）辅助展品创作说明和依据文字。在博物馆文物陈设展览中，尤其是在叙事型主题展览中，由于文物标本等实物资料的缺乏，或是为了强化展览信息传播、增强展览观赏性和感染力的需要，博物馆文物陈设展览往往会采用大量辅助艺术品和信息装置，例如壁画、油画、半景画、全景画、模型、沙盘、景箱、场景、蜡像、雕塑、多媒体、动画、互动装置、影视片等。这些辅助展品和信息装置以其良好的视觉效果、阐释能力和现场感而深受观众欢迎。

博物馆文物陈设展览中这些辅助展品的创作和信息装置研发不同于一般的纯艺术创作和娱乐媒体，它们更是一种知识信息交流的媒介。因此，它们的创作必须遵循科学性、真实性原则，必须是有科学依据和学术支撑的再现、还原和重构。因此，在陈设展览内容文本撰写中，不仅要对辅助展品和信息装置的创作提出要求，还要提供创作说明和创作依据。包括：该辅助展品的传播目的、基本内容、要表现的主要视觉元素等；有关创作的依据或参考性文字，例如某个历史事件或人物的基本概况、情节故事、有关的历史记载、后人的研究成果等。

（3）数字媒体文字。作为信息、知识的传播载体，博物馆文物陈设展览的信息要丰富饱满，能满足不同观众的不同信息需求。但同时，为了在有限的空间内，避免展览信息的混乱，突出重点，必须合理处理好展览的信息层次。一般来讲，博物馆文物陈设展览信息分为两类，即显性信息和隐性信息。显性信息是展览最基本的信息，通常直接与观众见面，主要满足普通观众的需要；隐性信息主要指展览的检索性或链接性信息，例如触摸屏中的信息，主要满足专业观众或想了解展览更多信息观众的需要。为了做好展览的隐性信息展示工作，在陈设展览内容文本设计中，必须重视数字媒体文字的编写。

（五）博物馆文物陈设展览形式的设计

1. 博物馆文物陈设展览设计的条件

展览设计是有前提的，设计师必须在既定的条件下完成设计，这些条件既是设计的基础，也是设计的制约因素，设计能否最终进入实施阶段并顺利完成，除了要有好的设计构思和设计表达外，基本条件是否充分，是最终的决定因素。展览设计的基本条件包含以下几项：

（1）陈列大纲。形式设计是整个展览设计的第二阶段，在第一阶段的内容设计中，相关展览策划设计人员完成了基于展品和主题构思的陈列大纲。对于形式设计而言，一个好的陈列大纲应满足如下要求：陈列主题明确，内容科学完整，展品及辅助展品数量、体量、形制、组合清晰，陈列布局合理，陈列规模明确，陈列重点突出。陈列大纲是形式设计的脚本，也是形式设计的出发点。

展品本身具有重量、体积、材质、形状等固定的要素，还有相应的历史、艺术、科学、文化价值，在展览中起着从各个角度对展览主题进行阐释的作用，同时，展品本身也有安全保护防护要求。这些既是设计师要在设计中传达的内涵，也是设计的制约条件。

（2）场地空间。展览形式设计是空间视觉传达艺术，在一定的有限空间中展开，与展示相关的空间，包括陈列厅室、展前区、博物馆外部空间、周边环境空间等，凡涉及展览信息传递的，都在设计师考虑范围内。设计师要在设计之前充分掌握建筑的结构、用材、工艺、空间序列、面积、净高、形状、尺度、模数等，同时掌握暖通、电路、照明、消防、人员疏导、通道、门等情况，在此基础上对空间进行二次设计。有些新建博物馆会根据展览设计的需求进行建筑空间设计，这为设计师充分驰骋设计想象提供了更为广阔的空间，绝大多数情况下，设计师需要在既有的场地空间中完成设计。

（3）设备材料与工艺。陈列设备的设计是展览的重点，其种类、形式、体量、重量、数量和配置方式都要进行预估，由专业展具生产者提供的，要充分考察其是否符合展览设计要求。展览涉及的材料包括装饰材料、设备材料、辅助展品制作材料、展品衬托用料等。材料选用要考虑的因素有：材料物理性能、化学性质、加工条件、防火性能、视觉传达需求等。展览制作工艺包括材料加工处理、现场制作、配套设施安装等，工艺决定展览意图能否最终实现。

此外，如科技与数字展示手段、虚拟现实与增强现实、人员经费情况、设计制作周期等，也是设计中需要考虑的。

2. 博物馆文物陈设展览的总体设计

博物馆文物陈设展览总体设计阶段的任务是，根据陈列大纲要求，针对展品展示需求，在既有的场地空间基础上，完成对陈列的平面布局、立面和空间构成形式的设计。它主要包括如下内容：

（1）平面布局设计。平面布局设计使展览在既定的场地空间中，完成结构规划，构成完整序列。平面布局设计要求既要使展览的结构与建筑平面布局相辅相成，又要充分体现陈列大纲对展示重点、展示效果的要求，完成参观路线规划，绘制总平面图。

（2）立面设计。立面设计要完成视觉效果设计的要求，它的任务有：墙面展品陈设设计，陈列柜与墙面展品组合设计，对立面的高度、色调、版式等提出要求，绘制立面设计图。

（3）空间设计。建筑场地空间提供了展览的空间基础，在此基础上，设计师要对固有空间进行二次设计。除由平面布局和立面设计规定的空间规划外，还要对空间表情、趋势、氛围、意境、序列、关系等进行规划，考虑观众流动形成的空间动线，形成优美、有韵律的空间结构，绘制透视效果图或轴测图。

（4）色彩设计。根据展览主题、内容和展品特色，提炼其文化内涵、象征元素、科学元素、民族地域特征、历史特征、自然标识等，凝聚象征意义，结合空间照明，进行总体色调设计，制订部分和单项色彩设计要求，绘制色彩效果图，制订色彩设计色标。

3. 博物馆文物陈设展览的单元和分组设计

在总体设计方案基础上，要完成单元和分组的设计。这部分设计的要求与总体设计是一致的，是总体设计的细化，要绘制平面设计图、立面设计图、透视效果图或轴测图。陈列柜作为一个封闭空间，其内部的空间规划既是整个展览的细节，也是一个相对完整的展示空间，其平面、立面与空间也需要结合展品组合，通过台座、支架、背板等，构成有机统一的整体。

4. 博物馆文物陈设展览的专项设计

为了形成完整的展示序列，除陈列的总体、局部设计外，根据需要，还可在展览中增加一些专项设计，如景观、蜡像、全景画、半景画、虚拟展示、数字展示等，展览的序厅因其设计要求、制作工艺要求比较特殊，往往也归入专项设计之中。如果说展览设计本身的总体格调是叙事的，陈列厅设计的风格则更多是抒情的，它通过象征、暗示、揭示、凝练、连类比物，因物象形，指代意会，深刻揭示展览主题。景观设计在自然科学类博物馆中是一种比较常见的运用，通过复原自然、社会、历史中某一真实存在的景观，来展示相关环境特征等。蜡像和全、半景画，都有再现场景、人物的作用。需要注意的是，这类专项设计要与整个展览的风格要协调，不可对主题展品造成干扰，出现喧宾夺主的效果。

5. 博物馆文物陈设展览的辅助展品设计

为完善展品展出逻辑环节，扩展其文化艺术科学内涵，须进行图表、地图、沙盘、模型、复制品、景观等的设计，它的设计要求是紧紧围绕展品，以求风格格调统一。

6. 博物馆文物陈设展览设计与展品的安全保护

博物馆展品一般都具有较高历史、艺术、科学价值，有些还具有较高的经济价值，文物等展品还具有不可再生性，一旦损毁损失不可弥补。因此，在充分利用文物等展品，通过展览实现博物馆的公共文化服务功能外，保障安全，进行有效防火等，是博物馆文物陈设展览设计的一个重要要求。

（1）预防性保护微环境的创造，展示厅室是博物馆藏品的"第二库房"，因此其保护环境的创造特别重要。首先是博物馆室内环境的温湿度、颗粒物、光照、微生物等的控制与监测，其次是柜内环境的控制，特别是对于环境有特殊要求的漆木器、纸张、纺织品等有机质文物，对湿度有特殊要求的铁器等，柜内保存环境的创造更为重要。

（2）满足防火、防盗、防震、防灾的要求，使用不可燃、阻燃材料，装置相关报警器、监视器、应急阻断门，在展柜内装防震设施，弱电设计符合相关要求等。

7. 博物馆文物陈设展览设计与材料

博物馆文物陈设展览应用材料的范围十分广泛，因表现形式的需要，各种材质、各种肌理、各种装饰效果的材料都有可能被运用到展览中来。木材、石材、玻璃、金属材料、塑料材料、纺织品、纸张、涂料等是比较常用的。从用途领域说，建筑材料、装饰材料、服饰材料、电工材料、电子材料、美术材料，甚至医用材料，都有可能被运用到博物馆文物陈设展览中来。一般来说材料的选择要遵循以下原则：

（1）材料性能满足展览需要。包括展示对材料的承载力要求、环保要求、安防要求、耐固性要求等。

（2）材质肌理等满足设计要求。包括展示厅室装饰要求，展具表面肌理色彩要求等。

（3）材料材质规格满足加工工艺要求。包括切割、表面涂饰、连接、弯曲、造型、钻孔、黏结等。

8. 博物馆文物陈设展览设计与工艺

加工制作工艺决定了展览的最后呈现效果，一个有珍贵展品展出的展览，若其制作工艺粗糙，会直接影响到观赏效果。对加工工艺，主要有以下要求：

（1）能完美呈现设计要求。包括工艺本身的质量、表面处理质量、纹理表现、细节表现、体现工艺或传统美感等。

（2）满足施工方案要求。展览的施工制作有些需要在异地完成，有些需要在现场制作，现场制作对工艺技术本身具有特殊要求，如对文物的保护、对建筑结构的保护等。

9. 博物馆文物陈设展览设计中的科技手段运用

随着数字影像技术的迅猛发展，相关的声光电技术、多媒体技术、成像技术、影像互动技术等开始在博物馆文物陈设展览中普遍应用。这些技术的出现，为丰富博物馆展示手段、拓展展品信息传达渠道起到了不可忽视的作用。从投影、数字触摸屏、三维成像、互动体验，到虚拟现实、增强现实，现在又随着移动互联技术的迅速普及，拓展到观众手持终端设备上。

技术的发展为博物馆文物陈设展览提供了更加丰富的可能性，同时，也存在着炫耀技术、掩盖对展品原真性欣赏，或单纯为技术而技术，没有适当传达文化艺术科学信息的弊端。这些科技手段在展览中的运用，应该坚持展品本位、原真性本位的原则，使之成为展览的有益补充和扩展，而不是取而代之。

（六）博物馆文物陈设展览设备的作用与设计

1. 博物馆文物陈设展览设备的作用

展览设备在一个展览中主要起到如下作用：

（1）围护作用。博物馆展品特别是重要展品，本身具有极高的价值，因此需要将其与观众进行一定程度的隔离，并通过密闭环境创造来营造预防保护的微环境。它还起到阻燃、防盗、防冲击、防潮、防震、防腐蚀污染、防微生物侵害、防光害、防人体呼吸侵蚀等作用。

（2）展示作用。展览设备是用来展示展品的，对展品起到衬托、装饰作用，它将展品组合、展品与辅助展品联络成有机的整体，用以阐释一定的价值意义。

（3）组织空间的作用。陈列厅室的二次空间创造，大部分是用展览设备来完成的，对空间进行分割、整合、联络、排列、增减造成空间布局的丰富变化。

2. 博物馆常用展览设备设计

（1）展柜。展柜是展览中最主要的设备，博物馆常用的展柜一般有单柜、通柜等。单柜是独立的，有立柜、平柜、坡柜、斜柜、四面柜、双面柜、异型柜等；通柜也称大联柜，沿展线以单位长度沿展，便于陈列连续性、时间线性展品。展柜的设计主要考虑如下因素：观众参观的人体工程学需求特别是视线和视觉带要求、展品展示的承重要求、展品防护要求、设备安装要求、关锁设计要求等。其中，柜内设备包括照明设备、恒温恒湿设备、空气调节设备、防盗监控报警设备、机械设备等。结构设计、玻璃安装、柜门设计和锁具应协调考虑。

（2）展墙、展架与展板。这一组展览设备与立面视觉效果关系重大，展墙又称展壁、假墙，既起到展览空间分割作用，以丰富空间格局、拓展展线长度，同时又是安置悬挂平面或小件展品的设备，可分为固定式和活动式。展架可以与展板组合成展墙，相对于比较正式、固定的展墙，材质轻便、功能多样、组合灵活。展板用于悬挂张贴平面展品，图表、照片等辅助展品，可以与展墙、展架配合使用，可以按照一定规格设计成展板系列，组合使用。

（3）台座。台座是实物展品的承托设备，有柜外和柜内两种。柜外的台座，一是可以进行"裸展"的展品的台座，一是大型展品如车马、棺椁、机械设备、车辆炮舰等的专用大型台座，需专门设计制作。柜内台座可以按照一定规格设计系列，以便进行组合。使用台座可使柜内展品错落有致，相互呼应，起到美观和视觉变化的作用。

（4）标牌。展览中用于说明文字的标示牌，可分为标题牌（展览、部分、单元、组标题）、说明牌（前言、结语、部分说明、单独说明、组说明、展品说明）。标牌的设计应与立面设计，展墙、展板的版面设计、文字设计协同考虑。有的展览不设专门的标牌，采取喷绘的方式将说明文字直接喷涂到展墙、展板或展柜玻璃上。

（七）博物馆文物陈设展览的采光照明设计

1. 博物馆建筑采光

博物馆建筑的采光，可分为三种：

（1）自然光采光，这是最早，也是最廉价的采光方式，但有着明显的不足。由于早中晚的时间变化、季节变化、阴晴雨雪天气变化、博物馆所处纬度等，光线的强弱、色光都会发生较大变化，日光中的紫外线、红外线，也会对展品和展览设备造成破坏。由于自然光采光在环保、节能方面的作用，有些新建博物馆还是采取了局部自然光采光的设计，通过设备调节，降低光线变化和光害。

（2）人工照明，这是目前大部分博物馆普遍采用的方式，人工照明的优点是可控、可调节，通过对无害光源的选择可有效降低光害，可以通过照明设计获得理想的照明效果。

（3）自然光采光与人工照明结合，兼顾了两者的优点，一般在博物馆的非展示区域采取局部的自然光采光，在展示区域采取人工照明。

展览的照明设计是塑造展示厅室空间氛围、塑造展品形象、提升展示效果的有效手段，好的照明设计会使展览更加精彩。采光照明既是设计师的工作，也是工程师的工作，一个好的照明方案离不开两者的共同努力。今天照明已经发展成为一个高度专业化的领域，有时会节省设计师很多精力，但是对展品的理解和把握、对具体展品的光氛围塑造的理解，还是要以设计师为主。

2. 文物陈设展览的照明要求

对于以文物为展品主体的博物馆来说，如何减少光对展品的损害，是照明设计中最为关心的问题，一些材质脆弱的文物，如丝绸、纸张、书画、毛织物、皮革等，在短时期的有害光照射下就可产生不可逆的损害。所以，针对不同材质的文物，国际博物馆协会等组织提出了对照度的要求。

一般按照材质，将文物分为金属、石材、玻璃、陶瓷等对光不敏感的文物，骨、角、竹木、牙、漆器等对光比较敏感的文物，纺织品、纸张、书画、植物标本等对光特别敏感的文物，分别按照高、中、低值设计其照度。为降低光照强度和时间，有的博物馆对光敏文物展示区域和对物照明采用智能灯具，有观众时达到相应照度，无参观者时灯熄灭。

3. 文物陈设展览的照明设计原则

（1）需求设计原则。

第一，展览照明设计的第一个原则是需求原则，即满足参观欣赏的基本需要。在不同的光源照射下，物体本身会呈现不同的环境色，有些环境色距离其固有色的色相比较接近，即色彩的还原度比较好，有些环境色与其固有色相相比会发生比较大的变化，就会给观赏带来一定障碍，因此除特别需要强调气氛的展品外，一般在照明设计时都要考虑其色彩还原度。

第二，考虑文物本身的保护需要。除了按照照度标准设计光照强度外，还须选择滤除有害光、冷光源等特别为展览而设计生产的专业照具。

第三，创造和谐而有韵律的、照度差异不过大的光环境，避免观众视觉疲劳。

（2）艺术设计原则。展览的照明分为环境照明和对物照明，前者主要是参观环境的光提供，后者主要是完成对具体展品的照明和氛围烘托。有时，二者也不能截然分开，对物照明在某些区域也承担着环境照明的作用，环境照明有时与对物照明一起，完成对展品的光环境塑造。投光方式决定了照明的主要特点，在人工照明条件下，投光方式主要有：顶光、顶侧光、侧光、背光（逆光）、底光、底侧光。顶光、顶侧光最接近人们对自然光的照射方向感受，因此比较适合塑造平和、沉稳的光氛围。侧光主要用于对器物两侧造型的表现，它的方向比较近似于朝霞或晚霞，所以一般会结合顶光或顶侧光使用。背光最适于勾勒器物边缘线条，也与前方的顶光、顶侧光结合使用较多。底光、底侧光与人们的日常感受经验相违背，因此单独的光束出现时，会引起怪异的感觉，底光、底侧光一般用于表现在底部而顶光照不到的形状和纹饰，但也可用于强调某种阴森恐怖气氛。通过这些作用不同的光的组合运用，大小、主辅、高低、前后、上下、强弱配合，就可以塑造出无限的光环境效果。

四、博物馆文物陈设展览的传播目的与方法

（一）博物馆文物陈设展览的传播目的重要性

博物馆文物陈设展览的"传播目的"，是指展览的宗旨，或展览教育、传播要达到的目的，它们或是教育的，或是政治的，或是宣传的，或是文化的，或是商业的等。

博物馆文物陈设展览的传播目的是展览的灵魂，是贯穿展览建设始终的基本指导思想，是博物馆文物陈设展览策划、设计和表现的出发点和归宿，它贯穿于展览策划设计和表现的全过程。博物馆文物陈设展览的传播目的不仅是博物馆为展览设定的目标和方向，也是判断展览成效的依据。当判断展览策划的质量时，我们会考察它的传播目的的设定是否中肯准确；当判断设计方案时，我们会考察它是否忠实地表达了传播目的；当开展展览评估时，我们会考察展览是否有效地实现了传播目的。可以说，有了传播目的，我们的各项工作就有了统一的目标和标准。从受众的角度看，由于具有明确的传播目的，展览所欲传播的信息将以一种清晰与自觉的方式组织起来，展览的各项目也以一种有序的方式得到整合，从而大大增加观众对展览的理解。同时，通过比较展览的传播目的与观众实际获得的印象和信息，我们才能对观众的实际受益情况，对展览的传播效应，形成中肯的判断。展览传播目的的定位会从根本上影响展览的传播方向和效益，因此，展览传播目的的准确定位十分重要。

（二）博物馆文物陈设展览的传播方法

博物馆文物陈设展览的传播是非常重要的，它能够吸引观众、增加展览的影响力和知名度。以下是一些常见的传播方法：

第一，媒体宣传。媒体宣传通过报纸、杂志、电视、广播等传统媒体向公众宣传展览信息。可以发布新闻稿、安排专访、制作宣传片等，以吸引媒体的关注并扩大展览的曝光度。

第二，社交媒体。社交媒体利用社交媒体平台，创建展览相关的官方账号并发布展览信息、文物照片、幕后故事等内容，与观众进行互动，提高展览的可见性。

第三，网络推广。网络推广通过博物馆的官方网站、博客、在线论坛等网络渠道发布展览的详细信息，提供在线预订或购票服务，并与观众进行互动和回应。

第四，合作伙伴和赞助商。与相关的机构、学术机构、文化组织、赞助商等合作，共同宣传展览。可以通过合作举办活动、联合发布新闻稿、在合作方的网站或社交媒体上宣传展览等方式扩大传播范围。

第五，教育活动和讲座。组织与展览主题相关的教育活动、讲座、研讨会等，邀请专家学者分享知识，吸引观众参与并进一步了解展览内容。

第六，互动体验。为观众提供互动体验，如 VR 技术、触摸屏展示、沙盘模型、工作坊等，吸引观众积极参与并传播展览体验。

第七，特殊活动。组织开幕式、主题派对、特别导览等特殊活动，吸引媒体和观众的关注，提升展览的热度和知名度。

第八，观众评价和口碑营销。鼓励观众提供展览评价、留言或分享展览体验，通过观众的口碑传播扩大展览的影响力。

以上是一些常见的博物馆文物陈设展览传播的方法。在实际策划中，可以根据展览的特点、目标观众群体和预算等因素，选择适合的传播渠道和策略。

五、博物馆文物陈设展览的运营与后期管理

（一）博物馆文物陈设展览的运营管理

博物馆文物陈设展览在展览正式开始之前，组织开幕仪式，邀请相关嘉宾和媒体参加。开幕仪式可以包括主题演讲、导览、剪彩和媒体采访等。在展览期间，博物馆需要进行展品的保护和监管工作，确保展览的顺利进行。同时，可以组织相关讲座、教育活动和导览，提供更丰富的参观体验。博物馆文物陈设展览的运营管理策略可以涉及多个方面，以下是一些常见的策略：

第一，多样化的展览内容。定期更新展览内容，确保观众持续的兴趣和参与度。可以通过不同主题、不同时期或不同类型的文物展示，呈现多样化的展览内容，满足不同观众的需求。

第二，互动体验和参与性。设计互动元素和活动，使观众能够积极参与和互动，增强他们对展览内容的理解和记忆。例如，提供互动展品、多媒体展示、触摸屏信息交互、虚拟现实体验等。

第三，教育活动和讲座。组织与展览相关的教育活动和讲座，向观众提供更深入的学习和了解机会。可以邀请专家学者举办讲座，开展工作坊、导览和讲解活动，提供多角度的文物解读和知识传递。

第四，个性化和定制化服务。根据观众的需求和兴趣，提供个性化和定制化的参观服务。例如，提供讲解服务、专属导览、定制化的参观路线或讲解手册等，使观众能够更好地理解展览内容。

第五，数字化展示和在线参观。利用数字技术和在线平台，将展览内容进行数字化展示和推广。通过建立虚拟展览、在线图库、展品介绍视频等，提供在线观展的机会，吸引更多观众参与。

第六，合作与合作伙伴关系。与其他博物馆、文化机构、教育机构等建立合作伙伴关系，共同举办展览活动和教育项目。通过合作，可以分享资源和经验，提高展览的质量和影响力。

第七，客户反馈和评估。定期收集观众的反馈和评估数据，了解他们的体验和需求。可以通过观众调查、访客统计、社交媒体反馈等方式收集数据，并根据反馈结果进行改进和调整。

第八，营销和推广策略。制定全面的营销和推广策略，利用各种渠道和媒体宣传展览。包括传统媒体、社交媒体、博物馆官方网站、电子邮件营销等方式，扩大展览的知名度和影响力。

以上是一些博物馆文物陈设展览的运营管理策略，通过灵活运用这些策略，可以提升展览的质量和吸引力，为观众提供丰富的观展体验。

（二）博物馆文物陈设展览的后期管理

展览结束和文物归还：在展览结束后，文物需要进行拆卸和包装，进行详细记录并归还到博物馆的藏品库中。同时，对展览进行总结和评估，以便改进未来的展览策划和实施。

博物馆文物陈设展览的后期管理是展览结束后的一系列管理活动，以确保文物的安全、整理相关数据和总结经验。以下是一些常见的后期管理任务：

第一，文物归还和存储。展览结束后，确保文物的安全归还到博物馆的藏品库中。对于临时借展的文物，要进行检查、清点和记录，并按照规定的程序和条件归还给借出方。对于博物馆自有的文物，要按照规定的标准和程序妥善存储，确保其保存状态和安全。

第二，展览设备和装置的拆除和维护。展览结束后，需要拆除展览设备和装置，如展柜、展示架、灯光等。这些设备要进行检查和清理，并做好维护和保养，以便于日后的展览和使用。

第三，数据整理和归档。整理和归档展览期间产生的各种数据和文件，如展览计划、文物清单、借展合同、参观数据统计等。这些数据和文件的整理和归档有助于后续的参考和管理工作。

第四，经验总结和评估。对展览进行经验总结和评估，反思展览的策划、设计、运营等方面，发现问题和不足，并总结经验教训。可以通过与工作人员的讨论、观众的反馈、数据分析等方式进行评估，为未来的展览策划提供参考。

第五，参观者反馈处理。处理参观者的反馈和投诉。对于参观者提出的问题或不满，及时进行回应和解决，并采取措施改进相关服务。

第六，文物保护和维护。展览结束后，要对展出的文物进行检查和保护。确保文物的保存状态，及时处理任何出现的损伤或变化，进行必要的修复和保养工作。

第七，营销和宣传回顾。对展览的营销和宣传进行回顾和评估，分析宣传效果和观众反馈。根据回顾和评估结果，调整和改进未来的宣传策略。

第八，展览档案整理。将展览相关的资料、照片、视频等整理归档，建立完整的展览档案。这些档案有助于日后的研究、展览策划和展示设计等工作。

总之，通过细致的后期管理，博物馆能够保障文物的安全和保存，总结经验教训，为未来的展览工作提供参考和借鉴。

第六章　博物馆文物开发与利用——文创发展

第一节　博物馆文创产品的特点与价值

一、博物馆文创产品的特点

文创产品指的是基于文化创意的产品，通过将艺术、文化、创意等元素与商品结合，创造出具有独特文化内涵和艺术价值的产品。这些产品可以包括但不限于以下几个方面：艺术品衍生品、文化纪念品、创意设计产品、数字文化产品、手工艺品和传统工艺品等。文创产品的设计和制作，旨在将文化与商业相结合，通过产品的独特性和艺术性，传递文化内涵，激发消费者的文化认同感和情感共鸣，同时为文化产业的发展和推广提供了新的渠道和方式。

博物馆文创产品是指由博物馆创作、设计或推出的具有文化内涵和艺术价值的产品。这些产品往往与博物馆的藏品、展览内容或文化特色密切相关，旨在通过产品的延伸和衍生，将博物馆的文化遗产与观众或消费者进行更深入的互动和连接。因此，博物馆文创产品的特点如下：

第一，创意性。创意性是博物馆文创产品的核心特性之一，也是避免产品产生千篇一律的同质化现象的关键点。虽然产品的首要特性应该是实用性，但是在博物馆文创产品上，最容易激发游客购买欲望的并非产品的功能，人们往往会被其他特征所吸引，因此就需要产品具有足够的创意性转移消费者的注意力，从而弥补实用性的缺乏。例如通过对产品的造型、使用材料、颜色、材质或使用方式等进行创新思考，体现产品的创意。

第二，文化性。博物馆文创产品具有文化性是由产品依附的文物原型及文物蕴含的文化所体现的，是产品的另一核心特性。并且产品所体现的文化不仅仅局限于传统文化，现代的多元文化同样适用。但值得强调的是——尊重文化本身，即产品所体现的文化必须是博物馆藏品蕴含的文化，不可以为了契合产品而对文化进行任意改造，或为了体现文化、增添产品的文化性和文化附加价值而随意编纂文化。

第三，艺术性。艺术性是指博物馆文创产品应该具有观赏性。因为美的东西满足了消费者心理层次的需求，使其产生了愉悦感，而情感的改变会影响人类大脑看待问题的方式，故而提升了对产品的好感，并且博物馆文创产品是博物馆的附属产物，充满艺术性的产品还可以间接提升博物馆在消费者心目中的形象。

第四，教育性。博物馆的基础职能是起到丰富公众视野、知识和文化的作用。因此，博物馆文创产品具备教育性。这既源自博物馆自身，又体现在产品的设计上，还可以通过商品的流通性起到宣传和推广文化的作用，潜移默化的扩大博物馆的教育职能。

第五，宣传性。构建 IP① 形象，是近几年博物馆提升自身知名度的常见做法，通过 IP 形象衍生出的博物馆文创产品可以起到宣传博物馆的作用。以博物馆的某种文化、某个故事为原型，构建博物馆专属 IP，再通过现代媒体、网络等宣传将衍生出的产品进行售卖，从而使得公众在提到该产品的时候，可以自然而然的联想某个文化或是出自某个博物馆，体现产品的宣传性。

第六，纪念性。游客通过对博物馆的浏览和参观，可以了解博物馆的故事和文化，满足参观者的好奇心。设计师将所思、所学、所想以博物馆藏为原型进行设计而成的博物馆文创产品可以二次激发参观者的好奇心，从而激发购买欲望。博物馆文创产品不仅注重体现产品的功能，更多的是与消费者心理产生共鸣，促进情感消费。纪念性会给产品自身添加信息属性，即产品会拥有消费者在购买、使用时的记忆加成，带给消费者除了物质上的拥有之外，还有心理层面的触动。

第七，时代性。纵观博物馆文创产品的发展可以发现，不同时间下社会的发展不同从而使得产品具有时代性。例如在最初的博物馆文创产品中，常见的是明信片、纪念徽章等简单的旅游纪念品，后来逐渐出现纸胶带、折扇等贴近生活的产品，再后来出现了与互联网相结合构建 IP 形象的衍生品。因此，博物馆文创产品的开发应注意利用时代背景的差异，从而更好地提升产品的附加价值。

其八，限定性。①博物馆文创产品必须基于博物馆藏资源开发，其研发设计原型是博物馆的展品或者藏品。任何未进入博物馆收藏的艺术作品，无论具有多大的价值，以此为原型开发的产品只能归类为"艺术衍生品"，不属于博物馆文创产品。②该类产品只能在与博物馆有关的渠道上销售，如博物馆内设商店及其馆外分店、博物馆官方网站或者授权经营的交易平台等。③博物馆文创产品的研发主体和服务对象主要是博物馆，它存在的意义是为了延伸博物馆展览的教育传播功能，并为博物馆创造经营性收入。

其九，经济性。不管是文化产品还是创意产品，都包括有形和无形两类。博物馆文创

①IP 是知识产权，是指包括了小说、影视剧、游戏、动漫等各种基于创造性的智力成果所产生的具有一定知名度和影响力的作品或人物、形象等。IP 形象是指企业或其某个品牌在市场上、在社会公众心中所表现出的个性特征，它体现公众特别是消费者对品牌的评价与认知。

产品亦是如此。虽然在目前人们的认识中，博物馆文创仍以具有物质载体的有形产品为主，但无形的数字化文创产品越来越受到博物馆的重视，其在宣传博物馆展览方面的影响力和传播力也日益扩大，并逐渐形成了一定的营销推广模式。产品的经济属性内含于博物馆文创产品的定义之中。博物馆文创产品是博物馆发展文化创意产业的直接产物，与一般文化产业生产文化产品一样，博物馆研发生产文创产品的主要目的是创造经济收入，拓宽资金来源渠道。

二、博物馆文创产品的价值

价值产生主客体间的关系，即客体的属性与功能满足主体需要的程度。如果客体的功能或者属性可以满足主体的需要，无论是物质需要还是精神需要，即可认为客体对主体具有某种价值；客体价值的高低则取决于满足需求程度的高低。基于博物馆文创产品是一类特殊的商品和文化产品，探讨它的价值构成，有必要从一般商品、文化产品和创意产品各自的价值构成来展开分析。产品的价值是凝结于商品中的无差别的人类劳动，价值量的大小可以用生产中投入的社会必要劳动时间的多少来衡量，在市场中表现为商品的价格。因此，博物馆文创产品的价值如下：

（一）审美价值

博物馆文创产品有别于一般商品，形成其核心竞争力的另一个重要价值是审美性。审美需要是人类有别于其他动物的高级精神需求。在"审美泛化"的背景下，博物馆文创产品的开发以满足消费者的审美需求为内在驱动力，是日常生活审美化的具体体现。博物馆文创产品的审美价值来源于两个方面：①作为开发原型的文物资源自身具有的审美意蕴；②通过艺术化设计方式最大程度提取和表现产品的美学内涵。如文创产品中的仿真复刻品，直接被应用于家居装饰，更是充分发挥了审美效用。设计产业融合美学观念是审美经济的表现。艺术与技术、文化与设计结合在一起的技术美学观，使文化因子、文化元素广泛地渗透到物质产品中，通过商品中文化价值的强化，走向家庭艺术化、社会审美化。博物馆文创产品充分发挥和利用文化艺术元素在物质产品设计、制造中的作用，通过改变产品的外观造型设计或内部构造设计，在提高产品实用价值的同时，赋予或提升产品的审美价值。

（二）情感价值

情感价值是博物馆文创产品所拥有的一类特殊价值，有别于一般文化产品的体验性。从广义上说，博物馆文创产品的审美价值、教育价值等都可归为"情感价值"的范畴；从狭义上说,"情感价值"特指消费者因拥有文创产品而获取的身份认同感,属于马斯洛需求层次理论中"自我实现需求"的一部分。

由于附着审美和符号价值,博物馆文创产品的价位一般比同等功能的商品高。消费者购买文创产品并不仅仅是出于使用的目的,更多源自"炫耀性消费"的心理动因,展示自己的品位和文化修养,以区别于普通的民众阶层。博物馆文创产品亦具有展示经济实力和彰显文化品位的功能,属于炫耀性消费品中相对容易接受的门类。类似的消费现象还有对时尚潮流的追逐。博物馆文创产品以其独特的观赏特性和文化意蕴,满足中上层阶级区隔社会身份和坚持文艺趣味的需求,从而给消费者的精神和心理带来极大的慰藉,在此基础上形成其独特的情感价值。

(三) 经济价值

博物馆文创产品天然具有的符号价值和象征价值得以凸显,在与具有同等功能的普通商品竞争时,由于附加于其上的文化符号而轻易胜出,并促使人们愿意支付更高的价格,从而创造经济收益。博物馆文创产品的开发即是顺应体验经济潮流的举措,通过对文物资源及艺术元素的提取和运用,创新性开发满足人精神和物质双重需求的产品,使消费者在日常生活中体验到文化的浸染和艺术的熏陶,从而提升生活幸福感和人文素养。在符号经济、消费经济和体验经济勃兴的时代,博物馆发展文化创意产业已经创造了可观的经济收入,成为现代文化产业体系中不容忽视的一环,并且面临着重要的发展机遇和广阔的发展空间。

(四) 教育价值

博物馆应切实履行其作为重要教育资源的职能,为各阶层人群提供教育类服务。博物馆开展的讲座、论坛、导览和亲子活动等辅助教育形式在一定程度上是展览教育的补充,而容易为人忽视的是,博物馆开发的文创产品亦是强有力的教育资源,其具有的教育价值和传播潜力恰好可以有效弥补博物馆教育的天然弱点。

第一,文创产品提供的切身文化体验满足了观众亲近展品的需求。博物馆文创产品也是对艺术原作进行机械复制的产物,因而对于艺术品进入大众视野,实现广泛的公众艺术教育具有显著的意义。观众可以通过购买和拥有文创产品的方式持有、把玩缩小版的艺术作品或是其一部分,艺术品嬗变为可亲近、可感受、可接触的寻常之物,从而加深了对其文化艺术价值的理解。

第二,文创产品营造了沉浸式和互动式的学习氛围。与单向灌输式的教育方式相比,互动式和浸入式的教育模式显然更具优势。AR、VR 等虚拟现实技术在博物馆文创产品中的运用创造了虚拟情景体验，结合传播学、心理学知识开发的导览和游戏类 App 等无形文创产品，让观众在轻松自如的心态下观赏和了解展品，更好地激发观众对博物馆文化的兴趣以及主动探究的积极性。博物馆教育的覆盖面得以有效扩充，成为随时随地可以获取的教育资源，与传统的教育方式相比，显示出极大的优越性。

总之，在博物馆文创产品价值构成体系中，经济价值和教育价值属于社会和博物馆自身从开发文创产品中获得的价值，审美价值和情感价值则是消费者从购买、拥有和使用文创产品的过程中体验到的价值。这四种价值有着极强的内在联系，审美价值和情感价值的存在提升了产品的经济价值和教育价值；而对产品经济价值和教育价值的认识也从侧面增强了消费者的审美和情感体验。在此四种价值的基础上，衍生出文创产品的收藏价值、装饰价值、实用价值、投资价值、传播价值，进而形成博物馆文创产品复杂而多样的价值系统。

第二节　博物馆文创产品的开发与营销

一、博物馆文创产品的开发设计

文化是文创产品的基础，文创产品是创意作用的对象，创意是文创产品的核心，文化以某一创意方式或形式加载于产品之中，与其融合于一体，成为特定文化内容主题的文创产品。博物馆文创产品是博物馆形象的体现，它是博物馆文化的物质载体，是博物馆文化特色的体现。博物馆文创产品作为文化传播的载体之一，在一定程度上促进了旅游地区的文化传播，博物馆文创产品随着消费者流传到各地，为博物馆的形象起到了推动和宣传作用，增强了博物馆的影响。

设计突出的博物馆文创产品有助于树立博物馆良好形象。一方面，参观者将购买的文创产品带回家中，可供自己欣赏，并在欣赏时回忆参观博物馆的过程。另一方面，参观者将购买的文创产品馈赠给亲友，这些被馈赠的文创产品经过辗转相送、传播到各处，这种传播是一种特殊的信息传递方式，这种传播不仅提高了博物馆在人们心中的知名度，同时也为博物馆树立了良好形象，为博物馆起到了无形的广告宣传的作用，增加了其他地区的参观者来博物馆参观的欲望。

（一）博物馆文创产品的类型

博物馆文创产品的类型大致分为以下几类：

第一，出版品类。出版品类主要是一些关于博物馆的学术资料，包括馆内藏品的相关资料、研究报告和博物馆导览手册等。

第二，典藏复制品类。典藏复制品类主要针对馆内经典文物或展品进行仿制，此类商品价格较高以便满足一些有经济实力又喜欢珍藏古玩的游览者进行收藏。

第三，文化衍生品类。文化衍生品类主要是根据博物馆藏文物与博物馆文化主题和文化内涵衍生设计而来，将博物馆的文化元素融入各类相关产品中，如服饰类：帽子、围巾、T恤；地方精品类：地方精品类产品是具有旅游地文化特色的旅游纪念品，并不具有博物馆特色；体验类：体验类的服务项目与其他类别的文创产品不同，他需要购买者亲身体会，体验类的文创产品由于有很强的互动性和参与性对游客的吸引力也是巨大的。

（二）博物馆文创产品的开发模式

随着时代的发展，人们更加重视博物馆的作用。博物馆文创产品的出现使人们对博物馆有了全新的认识。从国际上来看，博物馆开发文创产品的基本模式可以分为独立研发、代销、合作研发、市场采购、艺术授权五种类型。

1. 独立研发模式

独立研发指博物馆自负盈亏，独立设计产品、推动产品研发，并承担所有的研发费用和营销风险。博物馆自行研发的产品通常与博物馆的宗旨和藏品紧密联系，这些产品区别了博物馆文创产品交易平台与博物馆之外的书籍、礼品店的分野。由馆内自行研发的产品若能充分结合目标消费者的需求，将达到专业零售的最大利益。观众购买的意愿越强烈，行为越频繁，文创产品交易平台的收益增长越快，对博物馆整体发展的回馈也越充分。因此，博物馆自行研发产品，应成为所有产品开发的重要部分。许多专家相信，独立研发产品将是博物馆的优势所在。

2. 代销模式

博物馆代销，是指由博物馆之外的企业或厂商等提出开发文创产品的方案，提交博物馆审核。博物馆审核通过的方案，则由厂商自行出资投入生产。博物馆与厂商签订合同，产品可在博物馆的营销渠道出售。相对于独立研发模式，这种代销的方式可以为博物馆节省开支，规避部分营销风险。

3. 合作研发模式

合作研发是指由博物馆发出创意招标，中标的设计企业或设计师负责研发和生产，最后的成品在博物馆的渠道销售，收入在博物馆和企业之间进行分成的模式。博物馆无论规模大小，均可采用合作研发模式。在产品设计之初，企业就与博物馆密切合作，就博物馆想要研发的产品进行充分的沟通，确定并落实方案，由企业投资研发制造，博物馆提供营销渠道。这种方式与前述代销方式相似，不同之处在于，博物馆参与程度更高；同时，博物馆需要支付的费用和产品销售风险可得到更大程度的降低。在这种模式下，博物馆通常需要支付研发费用，例如铸模、打版制作和艺术品塑造费。如博物馆自己拥有铸模工具，则在研发费用上可取得适当的杠杆平衡作用。也即当原始供给博物馆产品的厂商改变时，博物馆由于拥有模具的所有权，能够立即着手委托其他厂商另行制造产品，而不会因更换厂商而重复支出研发费用。通常这一类的产品，博物馆会要求专卖权，也即，消费者无法从其他博物馆购得产品，因此更具特色和纪念性。有些博物馆专卖的产品已经成为博物馆特定品牌的重要营销工具。

4. 市场采购模式

从公开市场（如贸易展、手工艺博览会等）采购产品也是博物馆文创产品的来源之一。博物馆根据其需要达成的教育和传播目标，选购市场上已有的文化产品。这种方式多用于短期特展纪念商品的采购，有利于把握时效、节省成本。并且，通过此渠道，博物馆可以广泛且仔细地搜寻与博物馆教育目标相符的商品，并进而与厂商接洽。此外，对于参与贸易展或手工艺博览会的博物馆而言，可以借此全面了解博物馆文创市场的概貌、流行趋势以及产品的相对售价等，并获取博物馆开发文创产品的灵感，或与更多有潜力的主要制造商建立联系。

5. 艺术授权模式

博物馆的艺术授权是指博物馆将受到法律保护的藏品图像数据、设计、文物资源或博物馆商标等授权给厂商，用于开发文创产品，而厂商必须支付博物馆产品的版税或权利金。对博物馆而言，艺术授权的方式可以使其免于商品研发的财务负担，同时，博物馆也必须扮演管理者的角色，监督厂商并确保所生产的产品能够兼具质量与实用性。通过授权的行为，附有博物馆标志的众多商品得以散布至全世界各角落，更能远及那些不会或不曾到过博物馆的潜在观众，除了为博物馆开拓更多财务来源之外，凭借商品的流通，也充分发挥了博物馆的广告宣传效益。

对营运能力强的大型博物馆而言，灵活采用这五种文创产品开发模式，可以应对不同的状况。市场采购模式更适用于特展和合作办展；当博物馆缺少经费与人力，但又需开发文创产品时，多采用第二种或第三种模式；当博物馆外企业对博物馆藏品的商业运用表示高度兴趣时，则采用艺术授权模式；而就产品开发活动的形式来看，从第一种至第四种方式，博物馆皆是为了供应博物馆商店而为之，唯有第五种艺术授权方式，是厂商主动、博物馆采取配合的情形。

（三）博物馆文创产品的设计方式

从设计方式来看，博物馆文创产品的设计既需要遵循一般文化产品和创意产品的设计法则，也有自身的特殊性。设计师需充分运用发散思维、联想思维和创意思维，从不同角度解读文物元素，实现符码转化，创造出各类博物馆文创产品。

博物馆文创产品设计的关键在于，萃取蕴含于文物文化元素中的象征意义，将之转换成视觉消费符号，再将这些消费符号设计成为创意产品。博物馆文创产品的主要设计方式有五种：元素提取式设计、功能融合式设计、意境传达式设计、情景复原式设计、互动体验式设计。

1. 元素提取式设计

元素提取是博物馆文创产品设计中使用最普遍，也是最容易采用的一种设计方法。通过提取原型文物具有辨识度的特色纹饰、图案、色彩和造型特征，用平面设计的方式刻印、绘制在文创产品之上，创造出具有较高文化附加值和艺术审美价值的产品。元素提取式设计主要分为整体运用、局部截取和解构重组三种方式。

整体运用，即将文物的整体造型纹饰进行微缩化处理后，改变材质，应用于创意产品的外形塑造。占据博物馆文创产品一定比例的文物复制品就属于这种设计方式，另外，通过这种方式还可以开发许多在外形上可以直接应用文物原型的产品。如根据罗塞塔石碑开发的拼图、明信片、首饰盒、书立、镇纸等，外形均为石碑形状且印有石碑的完整图案。

相对于整体运用，局部截取文物的纹饰图案并应用于产品装饰的做法更为灵活和常见。衣物首饰和生活用品类文创产品的设计多采用局部截取文物元素的手法。在文物信息的保留和传达上，局部截取不如整体运用完整而一目了然，这就要求设计师对文物的背景信息和文化价值有较深的了解，且自身具备较高的审美能力，能够从众多文化元素中选择和提取特色最为鲜明、最有辨识度、最具美观性的元素，用于产品装饰，以画龙点睛的方式实现产品的文化增值。

对文物元素的解构重组是设计要求更高的装饰手法。某件展品可能有两处以上的标志性外观特征，而产品限于造型和大小无法展现全貌，仅截取部分图案亦不足以诠释展品的独特文化艺术价值。在这种情形下，充分解读文物内涵，提取其中多处特色纹样，结合产品功能和外观设计予以重组，是一种比较好的设计方法。该种设计方法还适用于根据两件以上彼此间有密切联系的展品设计的文创产品。

元素提取式设计方法虽然运用简单、可操作性强，但在实际设计过程中要特别注意文物原型和产品契合度的问题，一般来说，这种设计方法更多适用于装饰性较强的衣物首饰、生活用具等产品的设计，以平面化的设计方法为主。对文物的选择和对元素的提取要经过仔细考虑：①围绕馆藏明星展品设计，易于辨识，更多展现博物馆独有特色；②选择有较强艺术美感和视觉辨识性的展品，如主题和色彩鲜明、纹饰独特或给人以较大视觉冲击力的绘画和工艺美术作品等；③选择展品原型要和设计产品本身的功能特点相契合，产品本身的材质、颜色和风格与文物原型接近或者一致为佳。如风格厚重而带有神秘气息的罗塞塔石碑，更适合开发硬盘、杯子、手机壳、镇纸等质地比较坚硬的产品，或是黑色的巧克力、拼图等衍生品；首饰、衣物等产品所依据的文物原型，以风格飘逸、色彩绚丽的花鸟绘画或瓷器的纹样为佳。

2. 功能融合式设计

功能融合式设计是指，根据产品的功能需要，将文物的文化元素或者造型形态予以简化、变形、夸张化处理，与产品的使用功能融于一体。成品符合人体工程学理论和消费者的身心需求，既可以使人自然联想到原型文物，又不会有强行拼接、生搬硬凑的斧凿之感。功能融合式设计其实也可以视为元素提取式设计的一种，属于元素的解构和重组，不同的是，一般的元素解构重组偏重平面化设计，功能融合式设计偏重立体形塑和整体框架结构的重新组合，且这种元素符码的转化是基于产品功能的要求，类似于有些研究者提出的"骨架式设计"方法。

功能融合式设计旨在满足消费者行为层面的需求，设计功能合理、操作便利、安全的产品，同时又能使人联想起原型文物，体味其中的意涵。这种设计方法对设计师的创意思维有较高的要求，产品往往表现得新奇而不落俗套。

3. 意境传达式设计

"意境"是东方传统美学和艺术的重要审美范畴，用以形容书法绘画等艺术作品所传达的一种能使欣赏者产生感动和共鸣，却难以言表的独特韵味和境界。意境开启了审美想象空间，虚实交融、形与神会，使观者驻足，低吟徘徊于审美想象中不能自已。而西方的艺术作品风格虽偏于直白显露，然亦有内含深邃悠远意蕴的作品，现代艺术也多以简洁造型和线条传达言外之意。因此，"意境传达式"设计方法可通用于中西方博物馆文创产品的设计，要求设计师深入把握、感受、解读文物和艺术作品的审美意蕴、文化内涵，通过创意设计将之有机融入产品，使产品有效传达同样的文化意蕴，使消费者感受到类似的艺术美感。

"意境传达式"设计通常运用明喻、暗喻、隐喻等方式表达原作和产品的联系，含义比较隐晦。对设计师来说，运用"意境传达式"方法设计产品是难度较高的挑战，设计师必须具有较高的文化素质和艺术品位，必须经常出入博物馆，在其中深入学习、掌握文物背景知识和文化内涵，并具有扎实的设计功底和较强的设计技巧，方能设计出成功传达原作神韵的高品质文创产品。

4. 情景复原式设计

博物馆文创产品设计的一个关键之处是将古代文化元素融入现代生活，让今人在不断的使用中体味古风雅韵，代入古人的生活场景，从而获得对文物更深层次的理解和认知。情景复原式设计方式正是基于这样的目标，选择能够有效衔接古今生活的文物，通过复制、微缩、放大或是改变功能、将平面文物立体化等方式，延续古老文物在现代的使用功能，有机融入当代时尚生活，令其在当下焕发出勃勃生机。

情景复原式设计主要有两种方式：①在不改变文物原有功能的基础上以仿制的形式设计创意产品，产品有着和原型文物一样的外观与使用功能。消费者在实际使用产品过程中仿佛步入了古人的生活场景。②保留文物的场景原貌，改变使用功能，使之更好地融入和适应现代生活。

5. 互动体验式设计

互动体验式设计主要应用于无形文创产品，即各类博物馆开发的应用类和游戏类App。互动体验式学习是博物馆学习的一贯优势，相比于单向灌输式的书本教育，博物馆以实物的形式为观众提供了多种多样的参与互动的机会。互动体验式的学习效果远优于仅动用视觉和听觉的学习方式，对于感性思维为主、好奇心旺盛的青少年来说尤其如此。因此，除了博物馆开发的各类教育项目强调互动体验性之外，博物馆开发文创产品也应充分利用这一优势。

博物馆开发的实体文创产品中，大部分须通过消费者的亲自使用和亲身感受来发挥教育传播作用，达到愉悦身心之目的。大数据、云计算、虚拟现实等新兴技术的兴起，为博物馆开发能够提供更为生动的互动体验的无形文创产品提供了契机，而对这类产品的开发，主要应用的就是互动体验式的设计方法。

目前，博物馆研发的无形文创产品主要有两类：①各类导览性质的服务型应用程序；②大量出现的旨在传播博物馆和展品文化，以生动趣味的形式展现的游戏类、互动类应用程序。

二、博物馆文创产品的营销策略与趋势

（一）博物馆文创产品的营销策略

1. 文创产品的市场定位策略

博物馆开发文创产品及围绕产品开展的一系列营销活动，其核心与关键服务对象是

"人"，即博物馆文创产品的既有和潜在消费者，而这部分消费者和博物馆的观众群高度重合。因此，针对博物馆文创产品的市场营销，很大程度上也是博物馆自身的营销。如何制定完善的营销方案，精准定位目标客户，吸引、维持旧有消费群体并开拓新的市场，是博物馆营销文创产品首先需要思考的问题。

（1）开拓产品市场方案。与一般的市场营销策略相仿，博物馆营销文创产品可从以下四个市场开拓方案着手：大众营销、小众营销、细分市场营销和个体营销。

第一，大众营销。大众营销方案不加区别地假定每个人都是博物馆产品的潜在消费者，忽略消费者行为和偏好的差异，采取一致的促销和宣传方式进行广泛营销。

第二，小众营销。小众营销方案有的放矢地聚焦于对博物馆感兴趣的小众群体，调查、分析他们的社会背景和性格偏好，并据此开发产品、布置展览，以求获得最好的营销效果。

第三，细分市场营销。细分市场营销方案假定市场是由具有不断变化的行为和偏好的不同群体组成，博物馆识别那些它们试图去争取的群体，并为目标细分市场制定不同的计划，可以覆盖多个分市场。

第四，个体营销。个体细分营销方案是指博物馆努力寻求对每位消费者的多方位了解，来为其提供更好的服务，通过建立详尽数据库的方式，进行定制营销，为不同的会员量身定制不同的产品和体验。

总之，小众营销、细分市场营销和个体营销都有其显著优点。营销者能够对产品进行更好地调整以满足目标消费者的要求，还可以针对每一个目标细分市场、调适它们的价格、流通渠道和营销组合。

（2）细分产品市场的变量和方法。博物馆采用细分市场策略，需要引进不同的变量，并考察哪些变量最有利于博物馆把握市场机遇。细分消费者市场所使用的主要变量有四类：地理变量、人口统计变量、心理变量、行为变量。

博物馆要建立它的观众群和文化产品消费群，就必须识别那些对博物馆产品感兴趣的个人和群体以及那些可能存在潜在兴趣，又能够被博物馆的营销策略有效影响的群体。在第二阶段，博物馆必须决定将重点放在哪些细分市场，既发掘新观众又维持既有观众。如同其他组织一样，博物馆不可能成为所有人的唯一选择，如果它们试图向每一个群体都推销自己，将会导致资源浪费。一旦确认了观众细分市场，博物馆就能够设计出统一的形象和一系列产品来吸引它的目标观众，并使博物馆在应对竞争者时从中受益。

（3）定位产品市场的步骤。博物馆定位产品市场可以按照市场调研、市场分析和市场评估三个步骤来进行。

第一，采用市场调研的方法有效挖掘关于用户和潜在用户特性的信息。市场调研是一项专业化程度较高、细节性较强的工作。博物馆可以聘请经验丰富的专业公司为其搜集市场信息和分析结果，也可以开展较简单的内部市场调研。博物馆通过精心规划，获得充足的信息，便能绘制出更加细化的市场蓝图。定期开展问卷调查可以帮助确认博物馆观众的变化趋势，并解释为什么有些人不来博物馆。市场调研的信息来源多种多样，包括出版物、未公开的报告、观众人数统计数据、对观众在博物馆行为中的观察所得、问卷调查、内部问卷、观众和潜在观众的访谈记录、团体预订信息、留言簿意见、博物馆网站意见、社交网络评论等。

第二，通过市场调研收集到充分的信息后，博物馆市场营销部门会对这些信息和数据进一步分析与研究。在这个过程中，可能会参考其他的信息来源，如中央和地方政府统计的家庭文化服务或文化产品消费数据、市场类刊物提供的关于不同群体的兴趣和态度等信息、地方贸易组织和商人掌握的本地市场信息、学术刊物提供的博物馆案例方面的研究材料、咨询公司关于博物馆未来发展的报告等。博物馆需要将自己希望占有的或实际已经占有的市场份额和其他博物馆进行比较，并与之前年度进行纵向比较，分析各种优势和劣势、面临的挑战及可能的机会，更好明确博物馆该如何在供应和需求这两个方面适应整体市场。

第三，博物馆需要对市场进行评估，以此精准定位客户群体，确定博物馆所需提供的产品和服务。同时，博物馆需要冷静思考目前或规划的情况，检查自身用户产品服务和体验的范围与质量。市场评估结果反馈给博物馆上层和市场营销部门后，将有力促进产品的开发更新与市场开拓。

2. 文创产品的分类定价策略

（1）开发文创产品的分类方法。博物馆文创产品在开发设计之初，即纳入营销思维，以市场定位为基础，针对博物馆特定观众市场的兴趣偏好、消费能力，开发适于营销的产品类型，因此，必须遵循一定的分类原则，确保博物馆开发的产品类型可以比较顺利地出售，为市场所接受。在分类原则上，最重要的两点：一是开发产品必须与博物馆藏品和展览具有紧密联系，有助于达成博物馆主旨目标和教育功能；二是针对博物馆面对的特定观众市场进行分众化、多样化开发。

第一，与博物馆主题和目标具有相关性。博物馆文创产品有别于普通商品的特殊性在于，其必须承担文化教育、传播和美感延伸的功能，需与博物馆的展品类型、倡导的使命宗旨密切关联，不能以经济利益为唯一追求，应以社会利益为首要目标，发挥"最后一个展厅"的功用。从消费者的角度来看，与博物馆文化和展览主题具有一致性的展品，更能唤起对展览的回忆和期待，激发购买欲望。

第二，针对分众市场的多样化开发。博物馆针对市场分析定位的特定消费群体，有的放矢地开发文创产品，通常能取得较好的销售业绩。

国内外博物馆开发文创产品的类型比较一致，以具有创意性的生活家居用品、文具用品、各类出版物、服装首饰等为主。但是以故宫文创为代表的大陆博物馆，经由网络销售的产品在种类、数量上和大都会艺术博物馆、大英博物馆等国际知名博物馆相比，仍然存在差距。

在分众化市场开发上，大都会艺术博物馆和大英博物馆都表现出对亲子家庭这一博物馆重要参观群体的重视，专门开发了"儿童用品"系列产品，包括各种承载教育意义、体现博物馆文化特色的儿童玩具、教具、学习用品等。

（2）博物馆营销文创产品的定价策略，定价策略是主要的市场营销策略之一。博物馆通过制定分层次、多样化的产品价格，结合促销和折扣等通用定价策略，并实行心理定价这一具有博物馆产品特殊性的价格策略，有力推动文创产品的营销推广。

第一，分层定价策略。由于博物馆观众和文化产品消费者市场具有多样化的特点，由不同年龄、性别、背景的人群构成，具有差异化的兴趣偏好、消费理念和消费能力。因此，博物馆必须为文创产品制定多样化、分层次的价格，以吸引更多消费者。

第二，促销定价策略。许多博物馆商店在推广产品时，都会采用促销策略，富有时效性、主题性、定位明确的促销活动会让顾客感觉物有所值，从而培养长期、固定的消费群体。仍以博物馆网店为例，综合采用节庆促销、主题促销、易卖品促销策略，可以起到积极的营销效果。

第三，折扣定价策略。博物馆在商品购买淡季，或是针对亟待清仓的商品，采用折扣定价策略可以有效提升销量。而针对博物馆会员提供购物折扣价格，是吸纳会员的一种重要手段。

第四，心理定价策略。博物馆文创产品具有较高的情感价值，除了对制作材料和品质、美感的追求外，人们购买这类产品的动机往往和声望、名誉、地位等相联系，因此，心理定价策略是博物馆给产品定价时的主要策略之一。影响博物馆文化产品价格的诸多因素中，附加其上的文化价值、名人效应、博物馆品牌等无形因素都决定了其定价高于相等品质和功能的普通商品。并且，消费者乐于为博物馆文化产品支付略高于市场价格的费用，由此获得身份感、荣誉感等特殊心理感受，这也是博物馆文化产品独特的体验价值。博物馆利用消费者心理，通过手工定制、限量发售等方式，增加产品的附加价值，以此定价。

3. 文创产品的渠道开拓策略

博物馆开发文创产品后，选择、设计合适的营销渠道或称为分销渠道出售商品，从而顺利地将产品送达目标消费者，是重要的营销策略之一。博物馆的渠道开拓策略直接影响到其他的营销策略，如分类定价策略取决于博物馆采用的是网络销售渠道还是专卖店等实体渠道，精准的市场定位也决定了采用何种销售渠道更为有效。博物馆市场部门要通过分析消费者需求、确定备选渠道方案、评价主要渠道方案、设计国际分销渠道等步骤来制定渠道开拓策略。总体来说，博物馆文创产品的营销分为实体渠道和网络渠道两大类型。

（1）博物馆商店的多重经济属性与成功运营要素。博物馆实体营销渠道一般指博物馆商店。商店是博物馆展厅的延伸，它的合理营运是保证营销策略得以顺利实施的基础。博物馆商店的道德标准应该高于一般商店，因其承担着特殊的社会教育功能。博物馆商店有责任追求较高的品质，而且还得保证销售内容必须和博物馆的使命有关；选择商品是不断在文化与商业间寻求平衡点。

博物馆商店的设立须遵守以下原则：①配合博物馆的整体宗旨和目标。博物馆在设定商店工作目标时，教育使命必须高于经济目标，应当先协助博物馆达到教育目的，其次是争取最大的财务收益，最后是发挥良好的宣传效果，协助博物馆整体营销战略的执行。②确保商店仅出售与展览和文物有关的商品，提升大众对展览的认知，达到寓教于乐的目的。③选择适当的地点设立博物馆，避免喧宾夺主，妨碍博物馆的正常运行，但也要便于吸引观众入内参观。④经济收入应提供相当比例给博物馆，作为推广业务的支持。⑤由专人管理账目、编制预算，并经管理委员会审核通过。就影响博物馆营运管理的主要因素而言，整体环境、路线规划、商品设计、展示陈列、服务人员等都有一定的作用，优雅整洁的环境、设计合理的路线、富有吸引力的商品、美观而便于寻找的陈列方式、亲切礼貌的服务人员等都有助于博物馆商店整体形象的树立，有利于博物馆文创产品的营销。

博物馆应制定并推行《博物馆商店经营管理办法》，组建富有凝聚力和竞争力的商店营运管理团队，至少需要三组成员：商品开发组、营销宣传组、财务会计组。

此外，还需要配置现场营业员和服务人员。团队成员协同作业，从事优质的商品开发、翔实的成本规划、良好的存货控制、有效的人事管理、引人入胜的视觉营销、专业的展示手法，以及提供安全、舒适及愉快的真实商店环境，并以专业、殷勤和亲切的态度接待来访者。销售人员是在业务一线接触顾客的人，是代表博物馆的形象，应受过统一培训，具有一定的营销技巧和外语能力，了解商品的文化内涵并能为客人解说，态度和善也很重要。商店的经理和服务人员必须清晰了解博物馆的整体目标，才能准确评估他们销售的商品是否密切配合了博物馆想要传达的信息，并为达到良好的传播效果而努力。

博物馆必须为每一项商品制作说明书，假如缺乏说明的话，即使是店内最有趣、最具教育意义的商品都会显得黯然失色。博物馆商店可以借由商标、包装纸和购物袋的流通创造强烈的品牌形象，并运用商品的说明卡片、展示板和店面设计提升、强化博物馆整体形象效果。另外，在商品和购物袋等包装上印制博物馆的 logo，也能起到无形的宣传作用。

博物馆商店应设置在参观者必经之处，如出入口附近，使参观者步入商店仿佛是走进博物馆的另一间展室，而这间展室的展品，却是可以携带回家的。如史密森机构中的国家画廊博物馆东西二馆之间的通道是博物馆商店的重要设置点，英国维多利亚与阿尔伯特博物馆商店位于主要出入口的正中央，英国泰特现代美术馆商店分布在 1、2、4 层楼的主要出入口，法国卢浮宫地下有 50 余家艺术商店，蓬皮杜艺术中心、奥赛美术馆等也都以博物馆商店作为观众休闲场所。这些著名博物馆的商店，其参观的人数，有时甚至高于博物馆本身的客流量。

建立分店是博物馆商店扩大营销范围的有力手段，但在分店的数量和选址上需要慎重考虑，须综合考虑博物馆资金是否充裕、商店营运团队是否健全、地理环境是否合适等问题。博物馆分店通常设置于购物中心、机场等人流密集区域。

（2）新时代中外博物馆网络营销的优势。博物馆的营销目标之一是为参观者提供最大可利用性和便利，将其产品和服务送到远远超越其建筑边界的地方，让最广泛的人群接触、欣赏、购买博物馆产品，这也是博物馆教育任务的核心。

博物馆网上商店建设与营销是一项综合性很强的工作，需要品牌宣传、网页设计、运营管理、市场营销等多个专业领域人员的参与，目前国内博物馆网店人才匮乏的现象比较突出，亟待从文博人才培养、队伍建设等源头上予以解决。

在博物馆网店的设计上，应突出强烈的品牌意识，形成特色鲜明、辨识度高的风格，与实体博物馆的整体风格相一致，使用统一的商标，建立统一的形象识别系统。对产品的介绍要详尽细致，说明其的创意来源、与展品的密切联系和设计上的匠心独运之处，精心设计文案和配图，以富有文化性和审美性的设计吸引消费者。

利用网络营销口碑效应强的特点，博物馆网店应在关注产品质量的同时，着重提高线上和线下服务质量，力求获得满意度高的用户评论，为消费者提供完善的购物保障。除了开设网上商店外，博物馆还能充分利用微博、微信、移动客户端应用程序（简称"App"）等新媒体工具开展营销。

博物馆可以通过官方微博链接到网上商店，在微博上对特色文创产品和文创新品进行发布，添加视频、图片等内容，全面展示产品信息的同时宣传博物馆文化。相比于微博，目前的微信的覆盖面和营销功能更为强大。博物馆可以建立文创产品微店，也可以借助微信公众号主动推送文创产品信息。顾客只需关注博物馆微信公众号，就可以第一时间获知文创产品动态信息，并在微店购买中意的产品，或者通过微信提供的网店链接进行购物。

博物馆 App 在近年来获得了长足发展，多数是展示文物信息、博物馆导览和部分博物馆游戏 App，利用 App 进行文创产品营销的博物馆还很少。根据我国台湾学者做的关于博物馆 App 的研究，发现经验型观众期望借助 App 自主参观和学习，以获取信息为主；进阶型观众对 App 提供的文字内容已无法满足，需要更多多媒体内容来吸引其注意力；熟练型观众对 App 的功能要求更高，认为通过 App 进行互动是有必要和具有魅力的。其实博物馆完全可以在 App 中融入文创产品销售，将之打造成全方位的博物馆服务媒介，拓宽营销渠道。

在互联网飞速发展的时代，微博、微信、App 和网店等电商渠道，以其突破时空限制、便捷高效的优势，必将成为博物馆文创产品营销推广的重要渠道。技术上的更新和提升是国内外博物馆的当务之急，但与此同时，博物馆作为富有人文情怀的公共文化服务机构，也应更多着力于为消费者提供周到、细致的全方位服务，精心设计文案、配图，重视顾客体验感受，加强售前、售中、售后服务，建立有效的回应反馈机制，方能在提升博物馆文创商品销量的同时切实发挥社会教育、公众服务的核心功能。

4. 文创产品的品牌推广策略

博物馆的整体品牌形象和宣传推广对文创产品的营销具有不容忽视的关键作用，博物馆品牌定位是指设计博物馆的形象、价值和产品的行为，凸显其不同于其他博物馆和休闲、教育机构等竞争者的独特之处，为消费者所了解和欣赏。博物馆能否精准定位并树立有效的品牌形象，依赖于它对自身优势、弱势、特色产品和市场环境的准确分析。每一家博物馆都应该致力于在公众的心目中建立品牌身份，从而使其显著特点清晰化，不会混同于其他博物馆和休闲活动组织。

博物馆树立品牌形象主要采用三种定位战略：属性定位，如"参观率最高的博物馆""拥有最古老艺术品的博物馆"等；利益定位，如"提供互动参与的博物馆""提供安静的沉思环境的博物馆""有趣且能学习知识的博物馆"等；使用者定位，如"儿童博物馆""社区博物馆"等。越来越多的博物馆通过提供差异化元素来显得与众不同，从而确立自身形象，如服务差异化，人员差异化，技术差异化等。正面且富有吸引力的博物馆品牌形象可以从知名度和偏好度两个方面来衡量。博物馆开展针对目标市场群体的调查，请接受调查的人员评价其对博物馆的了解程度。博物馆开发优质的文创产品，并采取有效的营销策略，可以极大提高博物馆知名度，并树立博物馆的正面形象。

一个组织的品牌形象是经由大量的消费者研究才创造出来的传播和推广工具，以商标等视觉符号的形式传达一目了然的直观信息来吸引注意力，形象信息必须是简单直接、引人注目、充满活力且令人难以忘怀的。这种品牌形象一旦被确立，伴随而来的将是消费者们对其一系列积极的想象，如质量、可靠性、信任度和对品质的期待等。博物馆通过文创产品的流通，使商标在购物袋、产品表面、礼品店设计、宣传册、会员卡、信封信纸及其他有关材料上频繁出现，可以使该博物馆品牌形象得到广泛传播。更多的情况下，通过广告和直销等付费推广方式，以及公共关系经营等免费推广方式，能够更为有效地树立博物馆品牌形象，从而推动文创产品的销售。

（1）广告营销。作为一种主要的付费推广工具，博物馆发布的广告主要分为常规性广告（博物馆形象的长期营造）、临时产品广告（特别展览或特别藏品的推广）、分类广告（特定事件信息的发布）和促销广告（新的会员制启动宣传等）几类。一项卓有成效的广告项目的开发运作，包括设定广告目标、决定广告预算、设计广告信息、选择广告媒介、约定发布时间、评估广告成效几个步骤。

（2）直接营销。博物馆是直接营销的主要使用者。相较于其他形式的销售，直接营销具有选择潜在受众、个性化定制信息、建立客户关系、灵活安排时间、有效吸引注意力等优势。直接营销主要包括直邮和电话营销两种方式。

（3）公共关系经营。根据博物馆伦理，博物馆公关活动可以是积极主动或被动反应的。积极的公关活动影响公众对博物馆的认知，博物馆借此营造正面形象，宣传推广展览和藏品文化。

博物馆公关活动大致分为创造形象、产品宣传、财务公开和内部公关四种类型，以各种不同方式提供有关博物馆公开服务的信息。经营公共关系的主要工具有事件、社区关系、媒体关系、新闻报道、公益广告、采访、演讲和宣传册等，博物馆的所有公关计划必须包含能够帮助博物馆达到目标的策略在内。

对博物馆来说，公共关系经营和市场营销在职能上是互补的，大型博物馆亦多设有专业的公共关系部门。公共关系通过它所产生的吸引力、显著性及新闻报道，形成了有利于博物馆营销的条件、氛围和环境。公共关系比广告具有更强的可信度，因为它看起来像是新闻，而不像是倡议性的付费信息。专家认为，容易受新闻和社论性文章影响的消费者，比易受广告影响的消费者多五倍。公共关系可以通过信息强化、合法主张以及深度报道，来对广告进行补充，具有很强的编剧潜能，可以通过宣传一个显著事迹来吸引关注。公共关系成本仅为广告成本的一小部分，如果博物馆发掘出一个有趣的报道，就有可能被所有的新闻媒体转载，从而获得大面积的传播效应。由于多数博物馆的预算不及商业组织那样充裕，因此公共关系经营应是其品牌推广策略中的主要组成部分。

（二）博物馆文创产品的营销趋势

1. 提升博物馆文创连锁店的覆盖面和资源共享

目前，博物馆文创产品的营销模式更趋于多元化，以前博物馆的文创产品销售模式较为单一，主要依靠场馆内的纪念品专柜进行销售。传承文创实体店销售模式，覆盖面较窄，人力和物力成本较高，但它所具有便利性和直观体验性，可以给消费者以更加沉浸式的体验。如：苏州博物馆内设置的专门衍生品商店和紫藤书屋，参观者来到苏州博物馆就可以买到。此外，苏州当地的文化书店也可以买到多款苏州博物馆的文创产品，苏州博物馆实施强强联合的营销策略，依托区域内多家文化经营企业进行联合销售，最大限度地提升销售网点的分布范围和覆盖面。

推动文创产品在景区的营销覆盖面。景区是客流量最大的地方，也是文创产品销售的主要平台之一，联合当地的主要景区进行营销，可以提升景区文创商品的档次和种类，同时可以宣传和推介当地博物馆的公众知晓度和品牌知名度。

将文创产品融入社会公众的生活空间。如国内知名的关山月美术馆提出"文创便民服务""共享文创之美"的理念，倡导具有文化创意的现代生活方式，开辟中国设计文化创意衍生品艺术空间，聚合设计精品、公共教育、餐饮休闲等服务功能，定期举办各种艺术沙龙、学术讲座等公益宣传活动，通过文创产品在生活、艺术与公众之间架起沟通的桥梁。

2. 博物馆营销模式要做到"线上+线下"资源结合

当前信息社会快速发展，互联网已应用到经济社会发展的各个行业和领域，互联网营销已经成为当下和今后最重要的影响手段和载体，已经深深地融入社会公众的日常生活之中。大多数的社会公众都是通过互联网和手机新媒体获取文创产品的信息，因此，各级博物馆多数都设立有自己的官方网站和手机客户端，如通过官方微信公众号、微博、抖音、快手等新媒体平台进行营销推广，以便于广大游客和消费者获取博物馆的收藏展示信息和特色文创产品营销信息。

以互联网、大数据、云计算为主要框架的电商平台，为博物馆文创产品的营销提供了便捷和高效的运营载体，成为最具活力的营销模式之一。如 2015 年，恭王府发挥核心文化资源优势，率先试水电商营销模式，成为国内首个开通官方电子商务旗舰店的国家级重点文物保护单位，同时开创了国内博物馆文创产品推广营销新模式的先河。

随着社会的不断发展，采用线上云展销和直播销售带货的方式，更能激发消费者的购买需求和参与热情，博物馆文创销售人员通过直播接受博物馆文创产品的特色以及文创产品所蕴含的文物知识和文化内涵，和消费者进行网上互动，让广大社会公众切身感受到文创产品的特色和魅力。

3. 加强博物馆文创 IP 的运营和授权营销模式

近年来，文创 IP 成为一种流行概念和文创产业发展的标志。文创 IIP 建设也是博物馆文创营销的基础性工作。文创品牌属于 IP 的范畴，类似于商标等知识产权的保护，博物馆在设计研发文创产品后，要建立符合知识产权法律法规的营销规划，防止博物馆的文创品牌被社会违法公司滥用。

博物馆品牌 IP 是重要的无形资产，具有特殊的文化内涵和文化形象，各地博物馆都应明确自身的特色与品牌形象，制定品牌营销策略，整合和优化资源配置，提升博物馆的知名度。通过文创 IP 授权的模式，积极与优质合作方对接，让社会资本和力量助力博物馆文创发展，提升市场化运作的质量和水平，以打造更多的文创国际 IP，提升我国文化产业的国际影响力。

4. 探索博物馆文创营销的趣味性和沉浸式体验

在博物馆文创产品的销售过程中，应设计和策划趣味性和沉浸式的营销手段，组织各类文创体验课，利用虚拟现实、三维和动画技术，对公众的视觉产生较强的冲击力，让社会公众在沉浸式体验中激发消费者的分享和购买欲望。此外，我国很多知名博物馆的 App，定期向社会公众推送博物馆文物藏品的历史知识，以及和文创产品有关的历史故事、成语典故或者相关的动漫作品、影视作品等，从而吸引消费者的关注。

5. 借助国际和国内文创展销平台的营销模式

博物馆文创产品的营销体系建立是一个市场化运作的过程，需要博物馆转换思路，从市场开发和定位出发，构建科学合理高效的市场化营销模式。积极借助国际和国内组织举办的各类展销平台，提升文创品牌的宣传广度和品牌化形象。如"国宝生肖金"是中国国家博物馆联合开发的系列文创产品，以中国国家博物馆的文物精品为设计理念，包括著名的战国双龙形佩、四羊方尊、汉代玉琮、画像砖、唐三彩、观音像、石刻造像、葫芦瓶等，结合中华传统吉祥纹饰，融合了古代美学与现代美学艺术，对引领文博行业文创产品营销提供了有力借鉴。

6. 产学研结合，提升文创营销队伍的专业化水平

博物馆文创产品是当前博物馆事业成果转化的重要路径，广大文博工作者应该转变观念，积极主动作为，立足博物馆文物资源，大胆创新，加强文博专业技术人员的文创产品开发和营销业务知识的培训，提高文创开发和营销人才队伍的专业化水平。如敦煌文创公司与上百所国内知名高校签订敦煌文创产品联合开发协议，共同研发具有敦煌 TP 的文创产品，打造产学研基地，共建教煌文创设计中心，招聘国际和国内知名的设计师，开展文创产品开发和文创产品销售的战略合作，坚持高点定位、高起点谋划，积极与国际文创产品开发平台沟通交流，将敦煌文创产品推向世界，充分展示中华优秀传统文化的艺术魅力。

我国博物馆文创产品的市场化之路还处于起步和探索阶段，还不断成熟和完善。营销模式是文创产业链条中非常重要的环节，没有科学有效的营销模式，再好的文创产品也不能得以广泛推广。由此，文博行业需要经过不断创新和摸索，以寻找适合自身文创营销的最佳模式，实现我国文博事业的可持续发展，不断满足社会公众多层次的精神文化需求。

第三节　博物馆文创产业发展与品牌建设

一、博物馆文创产业发展

借助体验理论，设计和发展文创产品过程中应用体验要素，使得广大受众体验到文创产品的内在文化魅力和内涵，提高文创产品质量，推动博物馆文创产业的进一步发展。

（一）坚持创意和消费者体验的发展理念

1. 坚持开发创意文创产品的发展理念

在游客心中，博物馆的形象和功能就是，收集文化产品、宣传历史文化、展览古人智慧、给游客带来教育启示等。并认为博物馆对于文物和传统文化的保护是权威的。随着社会经济文化的不断发展和理念不断变化的影响，博物馆要想提升自身的传播效果和宣传效果，就必须结合时代背景作出相应的变化，调整固有的思维与时代接轨，只有不断适应时代的需求才能将文物价值发挥到最大化。因此，博物馆不仅要提高自身价值，更是要满足游客的更多需求，将文化价值变相的传输给游客。如故宫博物院要想长久地良性发展，就应该不断发挥自身潜能创设出能够代表博物馆价值的产品，让博物馆文化不仅仅在固定景区体验。

坚持开发创意文创产品的发展理念将体验理念融入博物馆文创产品设计和发展过程中，要突出文化特点必须借助于一定的硬件媒介和现代化新型技术，将设计的文创产品通过新型交互技术加以展现和展示。因此，线上故宫淘宝、故宫微店和线下文创体验馆可以引入多种新型交互技术，如眼动跟踪、电触觉刺激、人机界面、脑波交互等，受众借助于以上媒介了解文创产品内涵传统文化和经典文化，如线上连载的动漫《故宫回声》，能够借助于交互技术在线上感受到民国时期博物馆文物南迁的场景，从宏观层面把握该文创产品的文化内涵，在观看的过程中能够激发用户由过去单一的视觉体验深化为思考体验、情感体验和关联体验等。

2. 坚持消费者体验的发展理念

博物馆文创产品发展途径，既要注重体验感，还要兼顾销量。具体的措施如下加以分析：

（1）举办各种类型的体验活动，弘扬传统文化价值。博物馆设计和发展文创产品，不仅要将博物馆文化底蕴通过物质载体的形式推向市场，而且要弘扬中华传统优秀文化。因此，文创产品发展中需要举办各种类型的体验活动，如教育活动、文创产品设计后的初次体验活动、面向社会开放的参观活动等，这些活动可以根据情况设置为免费的活动形式，充分发挥教育和体验文化等功能，使得不同群体受众，如学生、中青年以及文创产品爱好者等能够有机会接触文创产品，从初步体验之中感受产品的文化性、功能性、实用性等特点，进而对文创产品的文化内涵有深入认知和理解，为购买文创产品和弘扬传统文化作出自己的一份贡献。

（2）坚持体验式开发模式，制定层次化的发展渠道。现阶段博物馆必须转变发展思路，坚持体验式开发模式，结合不同文创产品性质特点制定层次化发展渠道。

（3）设计多重表现方式，打造大国品牌。近年来随着国内文创产品类型逐渐多样化，各博物馆和博物馆内产品争相斗艳，这些都对博物馆文创产品打开市场形成较大的竞争。因此，只有挖掘博物馆蕴含的典藏文物、资源和经典文化，以此为设计和创作灵感，才能够打造大国品牌，传递和弘扬中华传统文化。结合本次问卷调查结果和博物馆文创产品分类，注重设计多重表现和呈现方式。

（二）博物馆文创产品发展体验式营销推广

1. 打造"线上+线下"沉浸式体验空间

博物馆文创产品必须突出设计和发展特色，使得更多的受众在了解文化内涵和经典文化后愿意将故宫文化带回家，使得中华文化的魅力吸引着受众观念和思想的转变。

对于线上渠道而言，打造沉浸式体验空间较为简单，即利用现代化互联网技术，将网络店铺打造为中华传统文化的学习地，受众进入店铺点击文创产品了解，体验和感受产品背后蕴含的历史文化故事和传统文化，进而确定是否购买该文创产品；对于线下渠道而言，还需要加大对文创体验感设备和技术投入的力度，可以将体验馆营进行场景布置，借助于现代化新型技术和媒介，配备感官设备，如眼罩、眼镜、座椅、耳机等设备，实现与受众的互动，互动过程使得受众进入体验馆后便能感受到博物馆文化，经典文化故事和文化历史吸引受众，多数受众感受文化价值和魅力后便愿意文创产品，以此作为一种珍藏和纪念。

　　基于体验视角博物馆文创产品发展策略需要从设计环节入手，重新定位发展理念和发展模式，注重发展途径和渠道，着重以线下和线上体验为主，通过初步体验以全面认知文创产品，在理解基础上确定购买和销售情况。从管理者和工作人员角度而言，侧重于体验式的发展思路，切入中华传统文化，为文创产品长远发展提供思路和建议。

　　2. 借助新媒体平台推广

　　人类文明的发展不断催生技术的革新发明，博物馆通过新时代的新媒体平台拓展了其传播方式，提升了它运营的效果。互联网技术催生的新的传播方式是重构了空间和时间，通过新的方式让传统的故宫文化被大家更方便的认识。因此，人们可以从以下几点进行发展：

　　（1）借助微博平台营销推广。微博已经成为我国近几年中注册用户人数较多的民间互动媒体平台，具有互动性强，娱乐化高以及信息碎片化等传播特点，这也就对信息传播者提出了要求，如何才能在有限的信息中将要传达的内容表达清楚，且具有很强的互动性显得尤为重要。博物馆与微博平台融合，可以着重对与相关的文创产品进行宣传推广。宣传方式主要包括以下两种：①转发广大网友发布的与故宫文创产品相关的图文，这些被转发的微博主要是网友分享的个人"买家秀"，通过真人购买后的优质反馈来获取网友信任，刺激他们购买。②以"产品图片+文字"的方式，这部分的内容主要是对相关文创产品的文化意蕴以及历史背景进行介绍，文字侧重对文化内涵的阐释，图片则是对产品细节的突出，用更直观的方式给予受众美的享受。"博物馆"这个微博号是负责向网民塑造传递博物馆的形象。主要是通过向网友以图文结合的方式展示博物馆内的一些馆藏文物以及介绍博物馆进行的一些重要活动来强化与手中的连接，促进故宫文化的传播。

　　（2）借助微信平台营销推广。博物馆文创产品在微信传播的方式主要有两种——微店以及微信公众号。微店主要是利用微信这个全民化的新媒体使用平台以及便捷的"微信支付"的方式为文创产品打开了一条新的便捷销售渠道。微信公众号则因其大流量的自媒体平台特点而常用来对文物和文创产品历史和文化意蕴进行扩散式传播，并且因其具有的留言和评论功能，也能凭借其实现和受众的迅速互动。

　　微店与微信公众号两者之间的关系既有联系又相互独立，公众号是通过对信息的传播，让受众了解文创产品并引起购买兴趣，微店则是给想要购买的用户提供购买渠道。两个平台共同发挥作用实现了传播与购买的结合。

　　（3）借助客户端营销推广。在信息大爆炸时代，传统广告的垄断地位已不复存在，取而代之的是碎片化的短视频和短信息等形式，并且得到了大众的认可和喜爱。所以，在多媒体时代博物馆应该借助客户端多媒体进行文创产品的宣传。制定短视频和消息类 App 的宣传计划，让博物馆文创产品的发展迎合时代潮流。当前抖音、快手、梨视频等 App 已成为最受欢迎的广告营销手段之一，滚动的广告在视频展示中既能突出产品特色，又能增强客户的体验感，给客户带来深刻的印象。因此，博物馆文创产品的宣传应该利用客户端 App 进行宣传空间拓展。比如运用抖音拍摄具有文化艺术意义的短视频，在视频中宣传文创产品的外形和设计寓意，在信息条中利用图片的方式使用户获得更好的体验。同时将客户端积攒的客户流量发展成自身的社群平台，形成自有的客户粉丝圈或者团队，在社区人数达到一定数量后，通过奖品发放和优惠券发放的手段，激发客户粉丝的宣传动力，帮助博物馆建立更大的自由社群，从而实现文创产品的宣传和销售，从而进一步拓展了品牌价值，提升了品牌的核心竞争力，打造了品牌形象，具有不可替代的效果和作用。

3. 增加游客体验式营销

随着网络时代的发展，我国的电商平台逐渐成长壮大，官方旗舰店的方式也不断普及，这种方式主要是博物馆和京东、淘宝等电子商务平台进行合作，在网络上开店，摆脱传统购物时空的限制，为消费者提供便利。博物馆就可以开办自己的官网并且设计了官徽，这样既可以在自己官网上展示和销售文创产品，也能与其他电商平台合作，在其他平台开办商铺，拓宽销售空间。

博物馆的博物馆商店可以位于博物馆展厅门口，优化的主要方向包括对商品结构进行调整，以符合故宫博物院特色的文创产品为主，对商店空间进行合理的规划，而且还要对导购人员进行专业的技能培训与辅导，提高他们的宣传能力与意识，可以通过制定产品目录的方式让游客对产品信息有基本的了解，然后由导购人员对产品背后的文化历史以故事的形式进行深入的讲解，以此增加趣味性，也能吸引顾客的注意力。而且，对于员工的着装也需要作出统一，需要为员工设计专门的服饰，以此契合店铺的文化风格，提升消费者观感，从而推动故宫博物院的品牌建立。

二、博物馆文创产业品牌建设

品牌通常被当作是消费者认知产品与产品系列的程度评判标准。广义上的品牌是企业或产品具有一定经济价值的无形资产，以独有的、易于被识别的、抽象的概念来凸显企业或产品的差异性，是企业或产品在人们认知中的形象的综合反映。企业或产品的品牌塑造是一个漫长且艰难的过程。狭义的品牌更多地被当作企业对内、对外的标准或是规则，指企业所独有的、能够带来一定价值与认知差异的营销理念、营销行为和营销上的标准、规则。品牌使企业或是产品能够与其竞争者相互区分，并让消费者形成对企业独有的印象，能够为企业带来一定的溢价与产品增值的效果。作为一种无形的资产，品牌更多承载的是消费者对企业、产品与服务的认可。

在品牌的框架导向下，能更准确把握主题风格，实现体系化的产品研发、商店装饰、内容输出、品牌联名及跨界合作等文创业态建设，并在文化理念、交流互动、情感关怀中传递博物馆的文化愿景。同时，博物馆文创品牌建设也是现代博物馆品牌建设的重要组成部分和新型课题。

（一）博物馆文创品牌建设的必要性

在博物馆文创事业的语境下，即博物馆文化的需求端、竞争环境和经营条件在近几年发生了巨大变化。

第一，从民众对博物馆的文化需求多方面看。随着社会多元文化发展、自媒体创新传播和文旅融合的大背景下，博物馆已不再拘泥于"收藏、保护、研究、展览"的单一使命，日渐成为人文旅游打卡、学习历史知识、体验艺术生活、探索城市传统的文化客厅。与此同时，民众的文化消费理念也在悄然发生变化。观众到博物馆是希望在学习历史文化之余，欣赏一场穿越古今的文化历史演出，聆听一席风趣生动的文物知识科普，完成一节手工文创体验课，购买几组艺术创新的专属博物馆伴手礼，在充满城市韵味的博物馆咖啡厅里，慢饮一份博物馆特色的下午茶，翻阅着博物馆的展览书籍，度过充实惬意的文化之旅。观众日益新颖的文化需求也向博物馆文创管理者传达出一个信息，文创事业早已不只局限于文创商品，更是基于品牌主题布局下的全方面空间运营与文化体验。

第二，从全国博物馆文创事业的品牌竞争力来看。因各级博物馆的馆藏资源、地域文化、场馆规模、参观流量、专项资金及社会影响力的不同，优质的产业资源、社会资金和传播流量集中向头部博物馆靠拢，进而不断提升其文创业态、内容品质和品牌价值，越发拉大与其他博物馆文创成果的差距。因此，中小型及专题类博物馆，更需要加强品牌战略的建设和自身文化特征的提炼，才能另辟蹊径得到优质社会资源和品牌流量的青睐。

第三，从整个文化产业市场的品牌竞争力来看。随着我国泛娱乐产业和文化创意产业的迅猛发展，博物馆文创的竞争对手已不限于自身行业内。旅游景点、寺庙公园、文学影视、游戏动漫、国风汉服甚至书店、咖啡店等自创文化品牌均与博物馆文创业态形成强烈竞争关系，且体制外的经营主体具有更高的市场灵活性和自由度。

第四，从当前博物馆文创事业的经营条件来看。除少数国有博物馆仍属于"公益二类"事业单位且拥有下属国有企业可开展经营活动外，绝大多数国有博物馆已逐步转变成全额拨款的"公益一类"事业单位，不再具备市场经营主体资质。因此，不少博物馆即便想开展文创事业，但在销售资质、研发生产、人员管理和效益流转方面受到较大限制。

博物馆是中华文明和传统文化的重要窗口，在博物馆方应不断优化文创事业的发展理念，树立博物馆文创品牌战略，规范和完善文创经营模式，从文创内容输出上呈现出"文化传承、文化体验和文化表达"的多层属性，推进与优质资源的跨界合作，扩大品牌影响力，从供给侧提供更高品质的博物馆产品和文创服务。

(二) 博物馆文创品牌建设的概念

品牌建设通常多用于商业营销领域，博物馆文创品牌和博物馆社会影响力有什么关联，文创品牌包含哪些内容，如何去运营文创品牌等，这都需要先定义博物馆文创和品牌理论的概念，才能量体裁衣，构建适宜的品牌建设策略。对于博物馆文创而言，品牌建设首先能进一步明晰文化产业规划、文化业态分布，并统领文创工作的实施方向。

优质的博物馆文创品牌承载着博物馆的文化内涵与价值观，可以成为博物馆实体和陈列展览以外的第三资产，有助于塑造出鲜明化、差异化、多样化、地域化的博物馆文化形象，打造标志性城市历史文化名片。而品牌形象的塑造设计，离不开用于区分竞争者产品与服务的"名称、术语、标识"等博物馆元素符号，离不开用于感知文化元素与美学特征的"色彩、包装、风格"等博物馆主题呈现，更离不开用于表达文化内容与情感价值的"故事、文化、知识"等博物馆研究内容的转换。同时，还需要将视觉符号和文化内核借助产品品类、空间装饰、感官体验、互动交流等实体化展示，向观众和顾客传递文化愿景并满足实用需求。

此外，文创品牌需要在品质提升和服务关怀中与消费者建立信任，在艺术跨界、媒体传播和授权联名中提升品牌权益价值，促进博物馆文化事业在社会效益和产业效益上的延伸。

(三) 博物馆文创品牌建设的策略

1. 构建"大文创"品牌布局

随着文化产业中产品类型和品质的不断优化，博物馆文创产品从初期的复制品、纪念品、简易周边已然升级为美妆、服饰、餐具、家居品等兼具人文美学和日常生活的实用产品。同时，年青一代的观众更注重文创产品的互动与体验，不光对日常化的文创用品、舌尖上的文创美食、银幕里的文创节目充满兴趣，也很热衷于参与线下的文创社群活动，自主成为文化的再创造者和传播者。

博物馆文创工作者首先要成为新型文创业态的"布局者"。在开发"实物型文创产品"之余，需根据自身的场馆空间和文创战略规划，从"大文创"的视角将文创理念与展览主题、研学成果、宣教活动、信息技术相结合，构建体验式、参与式的文创业态布局。例如，打造复古街区、文创餐厅、国潮咖啡馆、国风茶室的"文创+空间"业态，营造沉浸式探索解密类展厅、VR展厅、全息5D展厅的"文创+展厅"业态，构造考古文创体验区、非遗文创体验区、模拟修复实验室的"文创+研学"业态，塑造博物馆之夜、国风华服走秀、琴棋书画诗酒花茶香道表演的"文创+社群"业态，以及创造数字媒体、歌舞表演、动漫游戏、文创综艺、影视纪录片的"文创+文娱"业态等。

2. 明晰文化主题

一个品牌的塑造，往往从规划清晰的品牌理念开始。在现代品牌学理论中，品牌理念包括品牌目标、品牌使命和品牌核心价值三部分，对品牌的发展具有导向功能。而博物馆文创品牌同样需要清晰地向观众展示文化主题、文化内容和文化愿景。

（1）文化主题的定位。博物馆需结合自身的馆藏特色、所在地的人文历史背景，找寻鲜明化、差异化、地域化的文化主题。国内大部分省市级博物馆均延续其地域文化作为文创品牌的文化主题。而与综合性省级博物馆处于同一文化背景区域的中小型博物馆、地方性博物馆或专题性博物馆，则可以围绕馆藏主题、历史遗迹和地理风貌，打造一城一池的专属文创品牌，如中国茶叶博物馆围绕"茶叶"专题开展文创设计，台州博物馆则以当地的地理人文景观"山海文化"作为文创主题等。

（2）文化内容的梳理。博物馆文创的本质是文化研究成果的创新性转化，要成为博物馆文化资源的"梳理者"，在品牌文化主题的导向下，做好馆藏资源的初步整理和知识体系的构建，从"考古成果、典藏文物、传统文化、革命历史、城市人文、当代艺术、建筑样貌、自然科学"等题材中选择4~5个与文化主题相匹配的文物资源进行二次提炼，形成文创IP资源库，为下一步的设计研发、合作开发、品牌授权做好内容准备。同时，需注重文物背后的故事解读，在产品研发中做到"无一物无来历"，无论是产品形式、元素提炼、图案设计还是色彩配搭均要与文物本身的文化属性相结合。

（3）文化愿景的提炼。在品牌快销时代，精练的广告语能够快速向观众传递品牌的文化主题、文化定位、文化内容和文化愿景，让观众留下深刻印象。如博物馆以"紫禁城生活美学"和"来自故宫的礼物"作为品牌标语，简洁明了地传达出品牌形象、风格主题和产品定位。"宫廷御礼"的主题理念和情感关怀不仅贯穿产品品类、设计风格和空间装饰，也体现在故宫文创的海报名称、产品关联词和产品服务卡片等多个环节。这一现象彰显了故宫文创所追求的消费者情感共鸣的理念，即购买之物是由博物馆所精心策划并富含故宫文化内涵的一份珍贵馈赠。

3. 提炼色彩符号，呈现特色体验

品牌形象设计通常包含三个方面：①名称、术语、标识、字体等符号化的集合；②色彩、图像、包装等视觉化的表现；③风格、格调、韵味、态度等感官化的呈现。品牌形象

的有形要素，可通过标识形象、色彩形象、产品形象和空间形象进行体现，也就是常说的品牌形象视觉识别系统。

博物馆文创品牌的形象设计需依据博物馆文创的文化主题和品牌属性来确定美学风格，提炼出适宜的、标志性的、高识别度的色彩，将传统之美与现代设计语言相融合，符合当代生活方式和使用场景。同时，在标识视觉、内容图案、产品包装，以及线下空间装饰和线上网店版面上进行统一的色彩风格设计，能够为观众在购买产品和体验文创空间过程中带来审美的愉悦感，促进产品的活化与传播。

以故宫淘宝、故宫文创旗舰店和苏州博物馆的品牌形象设计为例，三者由于文化主题或品牌属性的差异，呈现出截然不同但风格鲜明的品牌形象和格调韵味。

故宫文创有故宫淘宝和故宫文创旗舰店两条产品线，两者在形象设计上呈现"双次元"的关系，故宫淘宝的文化主题是"来自故宫的礼物"，产品系列以"故宫娃娃、故宫猫、吉祥纹样"等非藏品主题为主，主打童趣、可爱萌的产品风格。以此特点，故宫淘宝的产品色彩和店铺色彩多以粉红、豆青、淡蓝、嫩黄、朱红等明快色系居多，产品品类以手办类、美妆类、首饰类、配饰类为主。以故宫格格手办公仔为例，通过灵巧的人物表情和场景设计，展现出格格在宫廷中喜怒哀乐的生活画面，极易与年轻群体的情感产生共鸣，体现了故宫文创及宫廷文化中亲民化、诙谐化的一面。

故宫文创旗舰店的文化主题是"紫禁城生活美学"，产品系列以"宫廷皇室、建筑样式、馆藏器皿、吉祥纹样、青绿山水、宋代花鸟、花丝首饰"等藏品主题为主。基于"宫廷御礼"的主题，故宫文创旗舰店的产品色彩和店铺色彩形象提取了"明黄、朱红、黛绿、赤金、靛蓝"作为主色系，色彩饱满，元素祥瑞。产品品类涵盖文具、家居、装饰、彩妆等多个领域。在产品形象上采取一致的新中式国风设计风格和数字线稿、平涂上色、水彩晕染等设计手法，以"故宫笔记"系列为例，通过扫金烫金、UV 印刷等技术重现仿剔红、仿珐琅、仿点翠、仿刺绣、仿金漆、仿螺钿等传统工艺的质感细节，在凸显产品的品质和价值的同时，展示了故宫皇家气韵和传统文化之美。

苏州博物馆作为地方性综合博物馆，充分挖掘了所在地区的人文风貌和历史背景作为文创文化主题，如镇馆之宝系列、吴门四家系列、苏博建筑系列、过眼云烟系列等。

此外，还与艺术家联名，引入现代解构艺术的产品线，形成多元化的品牌美学系列主题。贴合其主题的人文格调，苏博文创的产品配色以霜白、水色、藕色、艾绿等饱和度较低的传统色为主，产品调性清新，系列多以风雅江南、淡雅花鸟、浅绛山水、建筑造型、非遗技艺为题材。在其配套的文创商店及咖啡厅，从空间配色、灯光层次、文创装饰、建筑元素、窗外摇曳的紫藤花树和极简的设计语言，无一不契合其清新淡雅的江南主题。同时，销售人员身着统一印有博物馆标识的暖素色围裙，为观众带来平易温情的购物氛围。

4. 拓宽运营渠道，促进"双康式"品牌共创

我国博物馆的文创运营模式大致分为三种类型，即自主经营、合作经营和委托经营，产品的设计研发模式同样可分为三种，即自行研发、委托研发和品牌授权联名。因此，博物馆文创工作者更要成为博物馆品牌授权的"管理者"，在实施品牌授权前，需要构建完善的品牌授权体系，包含建立内容 IP 清单、实施品牌背景评估、规范内容授权流程、加强产权法律保护等。博物馆文创品牌授权大致可分为以下三个方面：

（1）场地授权合作经营。近年来，文化市场中涌现出一大批优质的以传统餐饮、非遗文化、文创书店为主题的美学品牌店铺，比较知名的有诚品书店、晓风书屋、南宋书屋、单向空间等实体书店，以及像杭州地区比较有名的目回茶空间、南宋胡记等各类文创茶品餐饮空间。为满足博物馆参观人群的文化消费、餐饮服务等需求，馆方需进行细致的调研评估，在确保双方品牌的理念、经营能力、美誉度和文化契合度相一致的基础上，可尝试引进优质文化书店和餐饮品牌，联合运营博物馆文创商店、文创书店和餐饮空间，减轻博物馆研发和经营负担，达到产研联手、文化共创的发展目标。

（2）内容授权合作开发。目前博物馆文创的设计和开发模式较为单向，博物馆虽然经常开展文博专题讲座，但很少面向设计师组织文创沙龙或设计研讨会，文化资源方和产品服务方之间缺乏沟通和交流，导致博物馆在接到文创开发任务时找不到合适的设计团队，而优秀的设计团队对博物馆文化元素和可开发资源了解甚少。因此，一方面，博物馆方要建立起公开、透明的文创供应商合作机制，通过竞赛、发布会、展览会、文创授权平台等形式广泛吸纳优质的设计师、艺术家、插画师、设计院校、文创品牌、餐饮品牌、服装品牌、生产厂家等入驻博物馆供应商资源库。另一方面，馆方要时常通过文化交流、方案研讨、设计合作等方式与供应商进行理念磨合，实行"宽进严选"机制，遴选和培育出适宜的设计与产品团队，形成长期稳定的合作关系。此外，博物馆还可以将文化艺术资源做整体打包授权给专业的文创运营商开展产业合作，如国内知名的文创内容运营商"品源文华"引入了大英博物馆、大都会艺术博物馆、维多利亚与艾尔伯特博物馆、波士顿美术博物馆等 IP 资源，通过二次开发设计、行业合作、线下推广，打造出个性、艺术和时尚的博物馆文创产品和消费体验。

5. 紧跟传媒潮流，打造"现象级"品牌节目

随着数字科技和传播媒介的发展，我国正处于移动互联网时代，用户群体庞大，传播形式丰富多元，且具有自主推介性、内容创新性、社交互动性和矩阵传播性等特点，博物馆可以借助馆方社交媒体、短视频等渠道，以及影视节目、动漫手游等跨界合作方式，采取不同的投放策略来实现文创文化的传播分享。

在馆方社交媒体矩阵领域。如官网、官微、微信公众号中可增设"文创频道"，以软文的形式进行文化推广和情感营销，尤其是借助元宵节、端午节、中秋节等传统节日，配合限定款文化礼盒和节日食品推送背后的文物故事和传统习俗，既烘托了节日氛围，又体现了博物馆的情感关怀和文化价值。此外，博物馆方需积极参与电商网站的节日庆典和线下社群活动，如淘宝造物节、老字号国潮市集、线下快闪店等，扩大品牌接触点，增进与观众的交流互动和文化共创。

随着 5G 技术的普及，短视频凭借着快节奏的内容输出和富有感染力的表现形式迅速成为主流传播媒介，博物馆借助短视频，传播文创产业品牌的文化主题，不失为适宜的文创品牌开拓途径。品牌联名前，需确保联名方的产品内容与博物馆藏品脉络、观众印象、历史故事、展览热度有所联结，产业融合具备"1+1>2"的叠加效应。

总之，博物馆文创品牌战略的布局、运营、实施，能够优化博物馆文创事业运营机制，快速打开文创开发通道，盘活博物馆藏品资源，传递文博文化知识，提升文创产品品质和文创服务质量，满足民众对博物馆文化的探索欲和体验感，提高博物馆的文化影响力和品牌价值权益。

第四节　博物馆文物的文旅融合发展

随着人们生活质量的提升，旅游成为人们休闲放松的重要方式。在当下文旅融合的背景下，博物馆扮演着重要角色，珍贵文化遗产反映了一个地区或一个时代的历史和文化，是众多优秀文化成果的缩影。打造博物馆旅游资源，除了能带动当地的经济发展以外，还能传递历史文明、弘扬民族文化，对于人民文化素养的提高和社会进步都有巨大的作用。

一、博物馆与文旅融合

博物馆拥有无可比拟的文化旅游资源，是文化旅游的重要载体。博物馆通常是一个地区的地标式建筑，本身就极具艺术价值，并且其凭借独有的文化内涵，吸引了无数游客前来参观游览。以收藏的珍贵文物为依托，以文化为核心，通过优质的文化资源和教育服务，将旅游与其自身相连，把一般的旅游项目提升到了精神文明层次，通过文化体验切实发挥博物馆作为文化中枢的作用，让博物馆成为文旅融合的着陆点，实现文化与经济的双重价值，达到传播知识、陶冶情操的目的。

二、博物馆发展引入文旅融合的优势与机遇

（一）博物馆发展引入文旅融合的优势

第一，博物馆有利于提升国家影响力。进入新世纪，全球化进程不断加快，国家间的竞争从科技、经济蔓延到文化层面。我国拥有灿烂而悠久的文明和众多宝贵的文物。文物是不可再生的文化资源，是我国的历史证明，是中华民族的文化基因。博物馆作为保存、研究文物的机构，与国家影响力之间相互提升、相互促进。博物馆一方面满足我国民众的精神文明需求；另一方面通过外国游客增加中华文明的对外输出与宣传，树立国家形象，从而提升在世界上的国际影响力。

第二，博物馆有利于激发文化自信。我国文化自信来源悠久的历史，来源源远流长的优秀传统文化。在信息大爆发的时代，博物馆可以发挥其强大的教育职能，利用自身的文化资源将大众的价值观拉回到正确的轨道上，培养民族自豪感，激发文化自信。

第三，博物馆有利于当地的发展。博物馆是其所在地的对外宣传窗口，是一个地方的历史文化缩影，反映了当地的风土人情。随着一系列文博节目的热播，吸引了众多慕名而来的参观者，博物馆成为旅游的热门地点。游客的增加给当地带来了经济效益的同时，也带动了衣食住行的全面发展，提供了更多的就业岗位，成了地区发展的推动力。

（二）博物馆发展引入文旅融合的机遇

1. 文旅融合能提高博物馆的关注度

文旅融合给博物馆带来了更高的关注度，人们走进物馆吸收传统文化，获取文化自信，博物馆也向游客提供各种社会活动，提升服务意识，这种良性的互动对于旅游业和博物馆都有积极的促进作用。同时，发展文化旅游也被作为政府部门的重点工作，对博物馆的关注和投入也逐年增加，要求也随之提高。不论是游客还是政府部门的关注，都是博物馆发展的新机遇。应抓住机遇，大力发展的硬件水平和软实力，提升服务，完善职能，让博物在文化建设中发挥更大的作用。

2. 文旅融合给博物馆带来了更多观众

文旅融合的加快给博物馆带来了更多观众，这里的"多"不仅指的是观众的数量，还包括观众的不同年龄层、不同地域甚至不同国籍。观众的增加能够充分发挥的各项功能，最大限度地实现社会价值。观众的差异也能让博物馆发现工作中的不足，弥补缺位，建设成为向全体公民甚至国际友人的博物馆。大量观众的到来也会给博物馆提供更多的意见和建议，帮助博物馆提升服务水平、扩展服务范围，促进博物馆服务多元化。

3. 文旅融合能促进博物馆文创产品

博物馆在文旅热潮中尝试为公众提供更加丰富精美的文创展品。博物馆集中展示了某个地区的历史文明，如果能有效利用博物馆的文化资源，不仅能带来经济收益，还能推动文化产业发展、提升社会形象、扩大宣传范围。的品牌是无形的，但可以通过不同的载体表现出来。

三、博物馆文物的文旅融合发展策略

第一，把握好营销尺度。明确博物馆是面向社会公民开放的文化服务机构。在公益性的前提下，博物馆需要找到商业宣传营销的平衡点。博物馆保存的都是珍贵的历史文化遗产，承担的也是保护研究文化资源的任务，在任何情况下这些文物都是不可阅读的，保护文物的安全就是博物馆的责任。博物馆对外宣传也需要注重历史知识和精神文明的传播，方式可以是现代的、潮流的，但所传达的内涵还需要落在文化资源本身，不能损害博物馆的社会公信力，树立用心宣传、合理开发的理念，在发展上求创新，在创新上求突破。

第二，优化硬件设施。博物馆硬件设施的好坏直接影响了游客对博物馆的第一印象。好的硬件设施可以帮助博物馆营造氛围，现在对于博物馆硬件设施的要求也更加人性化，如铺设无障碍通道、建立儿童洗手间等。硬件设施的提升将提高游客的参观体验，进而加速博物馆的发展。

第三，加快人才培养。博物馆的发展势必离不开相关人才。从目前的形势来看，博物馆需要的是既懂艺术又懂经营的复合型人才。博物馆可以通过遴选、比赛、培训等多种方式招聘和培养人才，如定期开展单位内部学习和外出交流活动，举办文创设计比赛等。一方面，扩大人才队伍，组建一支具有活力与创意的工作团队；另一方面，对员工进行系统培训，提升从业人员的专业素质，在不断学习专业知识的同时加强实践，做到理论与实操的有机结合，保证博物馆行业的可适应博物馆持续发展。

第四，提升公共服务。博物馆在面对多元化的游客时，需要满足不同游客的需求。如标识牌是否标注有拼音，帮助少年儿童阅读；字体大小是否适合老年人阅读；是否有外文翻译，满足外国游客的阅读需求。仅仅一块标识牌就需要考虑不同年龄、国家的游客，可见公众服务的细节化要求。另外，随着游客的增多，博物馆在衣食住行的服务上也需要不断加强。如统筹规划博物馆周边的交通设施，方便外地游客出行；开设饭店或餐厅，为游客提供餐饮服务等。这些基础的公众服务能切实解决游客的实际需求，大幅度提升游客满意度，让游客能深度体验博物馆的文化内涵。

第五，重视文创产品开发。博物馆文创产品可以满足游客"把博物馆带回家"的心理需求。博物馆文创产品不仅仅是一件工艺品，更是蕴含了丰富历史积淀的文化商品，需要认真研发和大力推广。博物馆发展文创产品，终极目的是弘扬民族文化、传播精神价值，因此文创产品不仅要能供人欣赏，还要具有实用价值。只有把文化和生活结合起来，才能让文物"活"起来。高质量的文创产品一定是具有文化特色的产品，能够展示博物馆的精神属性。创意人员首先要确定博物馆的特色，然后挑选具有代表性的文物进行创意研究，深度挖掘文化元素，让博物馆的精神价值和文化内涵附着于产品之上。游客在购买和使用产品时，不经意间就传播了文化知识，提升了博物馆的知名度，助力博物馆形成品牌效应。

四、博物馆文物的文旅融合发展案例

下面以宝应博物馆为例，探索活化文物保护利用，创新文旅融合发展。宝应博物馆坐落江苏省扬州市下辖宝应县，由六个展厅、文物库房、业务工作室、报告厅及辅助用房等设施构成。该博物馆是一座集收藏、研究、陈列、教育等功能于一体，对公众永久开放的综合性历史文化类博物馆。近年来，宝应博物馆在上级主管部门的精心指导下，结合县城实际，创新思路，挖掘资源，深化研究，激活更多处于沉睡状态的历史文物，并积极探索"以文兴旅，文旅共兴"新途径，取得了一定的社会效益。

（一）把握文物研究利用的根本基础

文化资源是一个地方历史的活化石，更是一部编年史，它可以真实地展现地方的文化传承、文脉延续和文明进程。坚持"保护为主，抢救第一，合理利用，加强管理"的方针，加大对文物资源的挖掘、保护和利用，为文物的研究和活化利用奠定根本基础。

第一，整体梳理现有资源。宝应古城，先后在此设立过州、军、府、县治，历来是宝应县的政治、经济、交通、文化中心。弥足珍贵的历史文化资源是宝应可持续发展、不可再生的战略性资源。深度摸清文物资源状况，在全面梳理的基础上，扎实开展文物信息编制建档等系统工作，不断夯实文物挖掘保护基础，创新转化利用，使之与文化产业、旅游业开发紧密融合，充分体现历史文物珍贵的文化价值，文博事业呈现出崭新态势。

第二，分级管理，提档升级。不断夯实文物保护和提升管理的基础，组织对馆内所有文保单位的现场调查和信息采集，全面完成这批文保单位的"四有"档案编制和控制地带、保护范围"两线"规划及文物登记、审核、校对工作，确保文物资料数据更新、内容翔实、准确无误，为文物保护利用提供科学依据；积极组织开展文保单位的提档升级工作。

第三，因馆制宜，抢救修复。例如，宝应博物馆紧密结合自身馆藏文物年久失修的实际，制定出"抢时间，保质量"的抢救性修复工作方案和重点文物的刚性实施计划，持续深化馆藏文物的保护修复和利用工作。

（二）为旅游赋能，助推旅游发展

文化遗产保护利用的本质目的，是让社会公众深刻领会、理解与认同文物所蕴藏的历史文化价值，从而在传统意识的基础上培育出新的文化理念和时代精神。近年来，宝应博物馆坚守文物安全底线，进一步让文物"活化"，为旅游赋能，助推旅游发展。

1. 致力打造特色文物教育基地

宝应博物馆深入研究挖掘历史文物的文化内涵，锤炼人文主题，打造出一批各具特色、富有故事的文物教育基地。2018年，成功挂牌"扬州市首批家规家训示范点"，成为广大游客学习廉政知识、陶冶道德情操、弘扬清风正气的重要场所。

通过"儒学文化纪念展"系统讲述"孔子与儒学、儒学与科举、科举与官学"相关故事，每年举办小学生"开笔礼""成童礼"等传统活动，把学宫打造成"家国天下、儒学文化教育基地"。

近年来，宝应博物馆实施了世界遗产点——刘堡减水闸①的旅游化提升工程，开辟了游客服务中心和展览馆，增设了多媒体、文物沙盘、语音导览、无线网络等设施设备，更好地向县内外游客讲好大运河宝应的故事。

2. 充分用好"互联网+"，促进文物价值传播

在互联网时代传统文化依然是"冲浪好手"。新时代、新科技为传统文物的"复活"、与广大公众对话提供了新载体和新表达。宝应博物馆在微信公共平台开辟"每周博物"文物专栏，推出"网上逛景点""云赏宝""云看展"等专题，每期介绍一件馆藏文物或者一处不可移动文物点的人文内涵。通过互联网技术、现代信息技术将文物承载故事的文化价值传递给广大游客。

3. 建立专业讲解队伍

讲好历史文化故事是当今激活文物资源，让旅游"看见"历史文化，让历史文化"记住"旅游的关键之招和有效之举。有内容、有情感、有细节的故事，是最直接、最形象、最近距离见人、见事、见精神的生动载体。

近年来，宝应博物馆进一步深化对讲解员队伍的培训，力求她们用生动的语言、真实的情感讲述一个个感人至深的红色故事，引导观赏的人们在红色教育基地重温党的百年辉煌历史，感受党的奋斗历程和伟大成就。同时，优秀的讲解员们运用一件件文物故事，引导广大游客、观众深切感受中华文化，享受美好旅程。

---

①刘堡水闸被公布为世界文化遗产，成为大运河扬州段北起第一个世界遗产点，也是宝应县唯一一处世界遗产点。

4. 兴建研学旅游示范基地

近年来，随着研学旅行潮流的悄然升温，研学旅行已成为旅游业一个新的增长点。宝应拥有丰富的研学旅游文化资源，如文物资源、红色教育资源、廉政教育资源等，为开创新时代研学旅游示范基地提供了鲜活生动的地域条件。博物馆深入挖掘整合适宜中小学生户外教育的旅游文化资源，创建满足青少年丰富校外生活体验的游学示范基地。科学设计研学旅游路径，以宝应博物馆及各文博景点等为依托，结合中小学教育的实际情况，精心设置相适应的研学旅游网络线路。同时，以学生市场为核心受众，推出非遗传承、红色经典、状元学堂、田园体验等专题研学游项目，通过校园实地宣讲及景点游学、户外体验等方式，集中在每年的寒暑假组织开展夏令营、冬令营研学体悟活动，在宝应境内中小学成功试点，还将逐步向扬州全市、江苏省内推开，逐步扩大影响力，形成辐射效应。

（三）结合实际，创新文旅融合发展

文化产业和旅游产业密不可分，要坚持以文塑旅、以旅彰文，推动文化和旅游融合发展，让人们在领略自然之美中感悟文化之美、陶冶心灵之美。旅游业不仅自身具有文化属性，更重要的是要充分利用当地的旅游文化资源为其发展服务。结合本县区域文化旅游业的实际，为创新文旅融合发展，宝应博物馆从以下几个方面着力推进：

1. 提升文旅融合的文化旅游品牌

2020 年，宝应博物馆不仅成为国家三级博物馆，步入国家级的规范运行轨道，同时还获批博物馆展览提升、预防性保护和文物数字化等项目，获得国家和省级文物保护专项资金。

2021 启动"博物馆主题陈展提升""文物数字化"等工程。邀请省市知名专家对库房中现藏的文物进行再筛选、再研究，将历史、艺术价值高、品相好的文物充实到展厅中，旨在激发广大游客日益提高的观赏兴趣和精神文化需求。同时，提升各级文物保护单位的开放度，通过环境整治、基础设施完善、文物价值挖掘体现、展示线性延伸等措施。组织相关部门和专家对老城区范围内重点文物的开发利用进行科学整体规划，相继推出孙荫庭故居、乔氏家学纪念馆等一批"新生"文物旅游点。

2. 横向联合，壮大文创产业

近年来，宝应博物馆积极主动加强省内兄弟博物馆文化交流合作，推动地域间文物宣传利用的深入开展。宝应博物馆根据不同的文物资源特点，深入挖掘本地文物资源、内涵和价值元素，积极开发适应现代旅游需求的原创文创产品，以不断满足多样化旅游消费的需求。

（1）注重示范带动文创产品开发。由于文创产品的投入大、风险高，前期由政府提供一定的资金支持，由博物馆主动研发出具有自身特色的文创产品，逐步带动整个产业的发展，并争取多方面支持。

（2）加强与创意设计机构、科研院所、高等院校等的合作，面向社会征集文化产品创意，结合运河文化、红色文化、廉政文化、水乡生态等地域元素，开发宝应历史文创产品，扩大文创品牌效应。

（3）积极发挥各类市场主体作用，通过示范引领带动市场对文创产品市场研究、开发和培育，并建立适应市场规律的多种经营模式，如提供各类文化资源，委托或者授权企业进行设计、生产、销售等形式。文物创意产品的研发、推广，既增加了旅游业的文化含量，又通过旅游活动，让文物形象走进游客家中、心中，真正形成"以文塑旅，以旅彰文"的融合效应。

3. 提升开放景点的推介宣传

近年来，宝应博物馆精心设计文物解读课件，通过微信公众号推出"身边的博物馆""让文物开口说话""我和文物有个约会"等一系列文物主题的线上线下活动，吸引了全县中小学生和周边各县市区旅行社的热情关注和积极参与，并建立了长期合作关系。

新形势下，国家战略层面推动文化和旅游深度融合发展的有力举措，体现了未来旅游产业的发展方向和布局思路。用文化的理念发展旅游，用旅游的方式推动文化传播，文化旅游业将成为国民经济和社会发展名副其实的战略性支柱事业与产业。文化与旅游的融合与碰撞，要求文博单位，创新思路、匠心独运，充实丰富其文化产品与旅游服务供给类型和供给方式，以时代精神激活历史文物的生命力，冲破博物馆的传统桎梏，以鲜活、有趣的灵魂刻画生动的旅游形态，以文旅融合之光照亮文物保护的城堡，这是时代赋予我们的使命。

参考文献

[1] 蔡欢欢. 基于高质量发展背景下博物馆影响力研究——以珠海博物馆为例［J］. 文物鉴定与鉴赏, 2022,（11）: 116.

[2] 常丹婧. 博物馆展览中的观众参与: 内涵、方式、困境与对策［J］. 东南文化, 2023,（02）: 150-156.

[3] 陈冬梅, 马亮亮, 张献明. 无损光谱技术在文物保护中的应用进展［J］. 光谱学与光谱分析, 2023, 43（02）: 334-341.

[4] 陈荣华, 陈志钢, 姜有根, 等. 博物馆情境下游客价值共创行为动因［J］. 西北大学学报（自然科学版）, 2023, 53（02）: 229-240.

[5] 楚凯. 物联网技术在博物馆安防系统中的应用研究［J］. 技术与市场, 2021, 28（03）: 94-95.

[6] 单霁翔. 浅谈博物馆陈列展览［M］. 北京: 紫禁城出版社, 2015.

[7] 段勇. 当代中国博物馆［M］. 南京: 江苏凤凰文艺出版社, 2022.

[8] 费钦生. 博物馆展示学研究［M］. 沈阳: 辽宁人民出版社, 2022.

[9] 冯婷婷, 穆洁. 应用于数字化博物馆虚拟展示的人机交互系统研究［J］. 现代电子技术, 2019, 42（15）: 154-156.

[10] 龚德才, 于晨, 龚钰轩. 论最小干预原则的发展历程及内涵——兼议其在中国的应用与发展［J］. 东南文化, 2020,（05）: 6.

[11] 龚良, 张蕾. 博物馆高质量发展: 品质、效能与评估［J］. 东南文化, 2019,（02）: 100-106+127-128.

[12] 龚良. 博物馆展览的未来畅想［J］. 东南文化, 2022,（S1）: 6-10.

[13] 龚钰轩. 文物保护概论［M］. 合肥: 中国科学技术大学出版社, 2020.

［14］顾玉才．用青春的能动力和创造力推动博物馆事业高质量发展［J］．中国博物馆，2022，（03）：7-8.

［15］孔健，徐艳．博物馆文物陈列与文物保护研究［M］．长春：吉林大学出版社，2021.

［16］李承宽，夏爱梅．博物馆藏品保护与文化传播［M］．哈尔滨：黑龙江北方文艺出版社，2021.

［17］李典．博物馆文化创意产品开发设计与发展思路研究［M］．长春：吉林人民出版社，2020.

［18］李军苗，薛兵．博物馆文创产品设计的"内环·外循"框架研究［J］．包装工程：1-13.

［19］李帅，易姗姗，郑仁华，等．博物馆文创产品情感化设计研究［J］．包装工程，2022，43（16）：372-379.

［20］李晓璐，贺丽，李婵．博物馆［M］．沈阳：辽宁科学技术出版社，2011.

［21］刘爱河．简论文物治理体系构建和治理能力现代化［J］．中国文物科学研究，2017，（02）：46.

［22］刘栋．博物馆文创产品开发经营体制机制问题研究［J］．中国博物馆，2020，（03）：57-62.

［23］刘小乐．博物馆文物陈列与文物保护意识研究［J］．文化产业，2023，（10）：112.

［24］刘铸，王彦入，凡正波．共享型博物馆全息投影设备［J］．中国新通信，2018，20（22）：153.

［25］罗婧，杨岚，孔德政．AR 技术在博物馆中的运用及成果转化分析［J］．建筑结构，2023，53（06）：188-189.

［26］毛若寒，郑宽．试论博物馆数字影像技术应用的现状与转向［J］．中国博物馆，2022，（03）：55-60+140.

［27］蒲红树，王秀峰．超声波技术在文物保护领域中的应用研究进展［J］．文物保护与考古科学，2023，35（02）：164-172.

［28］祁庆国．文物保护与利用专刊［M］．北京：北京燕山出版社，2020.

［29］秦宗财，陈萱．融媒体环境下的现代博物馆文化传播［J］．东南学术，2022，
（04）：229-236．

［30］孙满利，张景科．文物保护学的理论探讨［J］．西北大学学报（自然科学版），
2022，52（02）：192-198．

［31］陶捷．听见博物馆——现代博物馆的听觉设计［J］．中国博物馆，2022，（04）：48
-52．

［32］田湘萍．文物保护视域下博物馆展陈照明研究［J］．东南文化，2021，（S1）：32
-35．

［33］王晶．博物馆展览展示空间设计［J］．建筑结构，2023，53（06）：184-185．

［34］王娟，张儒麟．"互联网+"背景下的博物馆文创产品研究［J］．包装工程，2020，
41（12）：132-138．

［35］王勇强．新技术应用对博物馆的改变与影响［J］．中国博物馆，2018，（02）：36
-40．

［36］王峥．移动增强现实技术在现代博物馆当中的运用研究［J］．南京艺术学院学报
（美术与设计），2020，（05）：180-182．

［37］武发思，张永，苏敏，等．生物技术在文物保护修复中的应用研究进展［J］．文物
保护与考古科学，2022，34（01）：133-143．

［38］武钟芸．浅谈博物馆展览策展及设计人才培养模式［J］．东南文化，2022，（S1）：
162-165．

［39］向勇．博物馆文创产业的审美公赏与创意管理［J］．人民论坛，2023，（03）：105
-109．

［40］许强．总分馆制博物馆集群高质量发展路径探析［J］．中国博物馆，2022，（05）：
4-9+126．

［41］殷红梅．新媒体平台上文物传播的文化意义探析［D］．济南：山东师范大学，
2022：1．

［42］余冰清．基于可视化交互技术的数字化博物馆动态全景虚拟展示系统设计［J］．现
代电子技术，2019，42（12）：140-143．

［43］岳楠．博物馆公众参与度：外部保障与内生动力［J］．兰州大学学报（社会科学版），2023，51（01）：140-150.

［44］张敏．场所精神下的博物馆展陈研究［J］．文物鉴定与鉴赏，2022，（11）：136.

［45］张嵘．博物馆管理与数字化建设应用研究［M］．济南：山东大学出版社，2022.

［46］张孜江．文物保护修复与鉴赏［M］．成都：四川大学出版社，2021.

［47］张祖耀，范梦琳，林效宇．基于移情到共情的博物馆文创产品设计［J］．包装工程，2022，43（08）：297-303.

［48］赵祎君．博物馆展览的叙事性判定［J］．东南文化，2021，（04）：151-157.

［49］郑茜．人类学视野下的博物馆收藏、展示与诠释［M］．北京：民族出版社，2019.

［50］周橙旻，何晨晨，马伯尧．博物馆文创产品开发周期与流程发展研究［J］．家具与室内装饰，2021，（10）：122-125.